KB272265

이 책을 _______________ 님께 선물합니다.

어둠이 깊을수록 빛났던 이름들
한국의 보배로운 영성가 10인의 이야기

2026년 4월 27일 초판 1쇄 펴냄

엮은이 **최완규**
펴낸이 **김경섭**

펴낸곳 도서출판 삼인
전화 (02) 322-1845
팩스 (02) 322-1846
전자우편 saminbooks@naver.com
등록 1996.9.16 제25100-2012-000046호
주소 03716 서울시 서대문구 성산로 312 북산빌딩 1층

디자인 김은선
제작 수이북스

ISBN 978-89-6436-297-6 03200

어둠이 깊을수록
빛났던 이름들

최완규 지음

삼인

한국의 보배로운 영성가들 이야기

현산 서동형 선생님의 글씨

기독교 영성의 뿌리, 삶의 길잡이 될 것!

기독교대한감리회 감독회장 김정석 목사

『역사란 무엇인가?』를 저술하여 우리에게 잘 알려진 영국의 역사학자 에드워드 카(Edward Hallett Carr, 1892~1982)가 남긴 "역사는 현재와 과거 사이의 끊임없는 대화다."(History is an unending dialogue between the present and the past.)라는 말은 역사를 정의하는 데 모범 답안처럼 여겨지고 있습니다. 사실에 기반해 현재를 해석하며 기록하는 것이 역사입니다. 그렇기에 앞으로 나아가든 뒤로 후퇴하든 역사는 진보한다고 말할 수 있습니다.

이와 같은 진보의 역사에는 사람들이 살아온 길에 대한 기록물이 있는가 하면 정신세계를 다룬 부분도 있습니다. 이를 '영성(spirituality)'이라고 일컬으며 특별히 기독교인들에게 영성은 중요한 가치를 지니고 있습니다. 영성은 삶에서 영감을 주고 삶의 방향을 알려주는 원천으로써 삶의 의미와 목적을 찾는 데 도움이 되며, 더 나은 삶을 살아가도록 영감(inspiration)도 불어넣습니다. 그렇기에 영성가들의 경험과 안내는 일반인들에게 삶의 좋은 길잡이가 됩니다.

최완규 목사님이 이번에 단행본으로 발간하는 이 책이 이에 해당합니다. 특별히 4년 동안 『농촌과 목회』라는 계간지에 토착 영성가들의 삶과 영성을 주제로 기고한 글을 다듬어 내놓은 단행본이라는 점에서 의미가 깊습니다. 열과 성을 다해 작성한 글들에 담긴 열분의 영성가들이 살아온 삶을 한눈에 볼 수 있기에 귀하기 그지없습니다. 그렇기에 기쁜 마음으로 발간을 반기며 추천합니다.

우리나라에 기독교 복음이 들어온 지 142주년을 맞이했습니다. 그동안 많은 영성가들이 세상에 흔적을 남겼습니다. 그들 중에는 세간에 잘 알려진 이들도 있지만 그렇지 않은 이들도 많습니다. 최완규 목사님은 그동안 덜 알려진 이들을 소개함으로써 기독교인들의 영성에 큰 울림을 주십니다. 대한수도원 전진 원장을 비롯해 가나안농군학교 김용기 장로, 한국의 슈바이처 장기려 선생 등은 일반인들에게도 알려져 있는 영성가들입니다.

반면에 애국계몽운동가 애산 김진호 목사와 거리의 성자 이보한 선생을 비롯해 맨발의 성자 최춘선 목사, 무소유의 삶을 실천한 김용은 목사 등은 기독교인들에게도 잘 알려져 있지 않은 분들입니다. 이분들의 삶 속에 녹아있는 기독교 영성의 뿌리를 찾아 소개하고 있어 읽는 이들에게 삶의 귀한 길잡이가 될 것입니다.

기독교영성학으로 박사(Ph.D.) 학위를 받은 최완규 목사님이 심혈을 기울여 연구하고 저술한 단행본의 발간을 거듭 축하드리며, 이 책이 한국 교회의 많은 성도들에게 읽혀 참된 영성을 추구하는 새로운 물결이 파도처럼 일어나기를 기원합니다.

한국 기독교의 영적 산맥을 일궈낸 보배로운 영성가들

협성대학교 총장 서명수 박사

최완규 목사님이 『농촌과 목회』 지에 게재했던 원고를 모아 책으로 내기 위해 가제본을 만들어 총장실에 놓고 가셨습니다. 바쁜 업무 일정에 방해가 될까 봐 대면할 생각을 하지 않고 읽어보고 가치가 있으면 추천사를 부탁한다는 전언(傳言)만을 남긴 채 말입니다.

최완규 목사님은 협성대학교 대학원에서 박사과정을 마치고 <한국 백두대간에 형성된 기독교 영성에 관한 연구>로 박사(Ph.D.) 학위를 받았는데(2020년), 그때 저는 논문 심사 위원이었고 그전에도 논문의 구성과 내용에 대해 여러 차례 대화를 나눈 적이 있습니다.

백두대간은 한반도의 척추에 해당하는 일대(一大) 핵심 산맥입니다. 백두대간은 북에서 남으로 힘차게 뻗어 내리면서 많은 산맥이 가지처럼 동고서저(東高西低)의 지형을 이루며 형성되어 있는데, 세계 어느 나라에서도 찾아보기 어려운 독특한 산맥의 형성이 아닐 수 없습니다. 이 산맥 구석구석에서 수많은 인물이 배출되어 한민족의 역사와 문화를 가꾸어 왔는데, 한국 기독교의 영맥(靈脈) 역시 백두대간의 산맥을 따라 형성되었다는 관점은 매우 창의적이며 탁월한 통찰이라 할 수 있습니다.

그런 최완규 목사님이 열 분의 영성 운동가들의 삶과 신앙을 탐구하여 한 권의 책으로 출판하게 되었습니다. 그중에는 어느 정도 알려진 분도 있지만 크게 알려지거나 주목받지 않았던 분들이 대부분입니다. 이 점에 있어서 본서는 성실한 연구자의 발굴과 탐구, 새로운 조명의 결실이 아닐 수 없습니다.

본서에 포함된 열 분은 각기 다른 삶의 배경과 각기 다른 지역에서 오롯한 신앙의 삶을 살아냈던 분들이지만 몇 가지 공통점을 가지고 있습니다.

첫째, 이분들은 일제강점기와 6·25 전쟁, 그리고 가난하고 피폐했던 전후(戰後)의 삶의 정황에서 모든 아픔을 딛고 일어서려는 국가·사회적 몸부림을 외면하지 않았습니다. 뿐만 아니라 일반 국민들의 영적 갈급함을 채워주어 영적으로 부강한 나라와 민족을 이루려는 애국애족(愛國愛族)의 정신을 발휘하였습니다. 이분들은 굶주리고 고통받는 민초(民草)들의 삶을 보듬고 기도하며, 그들에게 세상이 주지 못하는 영적 자양분과 신성한 영생수(靈生水)를 공급해 주기 위해 헌신의 삶을 살았다는 공통점을 가지고 있습니다.

둘째, 이분들은 철저히 성경 중심의 삶을 살았고, 물질적 풍요보다도 영적 풍요의 중요성을 일깨워 주는 삶을 살았습니다. 그렇기 때문에 한결같이 청빈과 나눔, 베풂의 영성을 실생활 속에서 실천하였습니다. 물질만능주의가 팽배한 세태, 교회마저도 이로부터 자유롭지 못하다는 우려가 짙은 이 시대이기에 한국 기독교와 기독교인들에게 주는 메시지의 내용과 울림이 참으로 의미 있게 다가옵니다.

셋째, 이분들은 자신의 이름이나 업적을 남기는 일에는 아예 관심조차 기울이지 않았습니다. 그저 성경의 가르침대로 살고자 했던 삶과 신앙으로 그 외의 것들은 지푸라기처럼 가볍게 여겼으며, 영적 부요함과 자유로움이 무엇인지를 삶으로 보여준 분들이었습니다. 이분들은 모든 것이 하나님의 은혜임을 철저히 믿고 어떠한 형편과 처지 가운데서도 감사의 삶을 살았다는 공통점이 있습니다. 그 공통점의 근저에는 예수 그리스도 보혈의 공로에 의한 구원의 기쁨과 감사가 자리 잡고 있습니다.

넷째, 이분들에게서 우리는 창조주 하나님의 위대한 역사(役事)를 믿고 인간뿐만 아니라 모든 피조물의 존재 가치와 소중함을 생활 속에서 드러낸 친환경적·생태적 삶의 모습을 발견할 수 있습니다. 오늘날 회자되는 생태신학적 관심 이전에 창조주 하나님의 창조 세계의 질서와 조화, 아름다움이 깃든 자연에 대한 보다 깊은 영적 맞닿음에서 비롯된 근원적인 관심으로서의 생태적 관심인 것입니다.

이 외에도 여러 공통점과 많은 신앙적 교훈들이 발견되는데, 이는 서구의 어떤 영성가들의 삶과 신앙에 비추어 봐도 손색이 없는 한국의 토착화된 영성의 세계로 영적 산맥과 풍성한 숲을 이루고 있습니다. 그런 까닭에 노다지를 캐는 심정으로 직접 한 꼭지씩 음미하며 읽어보시라고 적극 권해드립니다. 그리고 다함 없는 주님의 은혜로 최완규 목사님께서 앞으로도 계속 귀한 연구 활동 이어가시길 기원합니다.

한국적 영성의 토착화,
그 찬란하고 보배로운 신앙의 발자취

가락재 영성원장 정광일 박사

이번에 출간되는 최완규 목사님의 저서에 대한 추천사를 쓰게 되어 무척 기쁩니다. 최 목사님을 알게 된 것은 십수 년 전 어느 '영성 강의실'을 통해서였으며, 그 후 강의실뿐 아니라 제가 몸담고 있는 '가락재 영성원'에서, 그리고 '영맥'이라는 영성 모임과 또한 여러 차례의 산행을 함께하면서 깊고 폭넓은 교제를 할 수 있었습니다. 협성대학교에서 박사 논문을 쓸 때나 특별히 『농촌과 목회』라는 계간지에 한국인의 토착 영성에 대한 글을 올릴 때마다 저는 빠짐없이 그 글을 읽으며 좋은 느낌과 함께 많은 도움을 받았습니다.

한국의 개신교는 천 년, 이천 년이라는 오랜 세월 기독교 문화를 이루며 살아온 나라에 비하면 140년이라는 비교적 짧은 역사를 가지고 있습니다. 세계 교회사적 관점에서, 교회 성장이라는 양적 측면에서 볼 때는 놀라운 성과를 거두었고 이를 자랑스럽게 이야기하고 세계 교회 앞에 내세우기도 합니다. 그러나 질적인 차원에서 신학자를 언급하거나 영성가를 말하는 경우에는 뚜렷하게 내놓을 만한 인물을 떠올리기가 쉽지 않았습니다.

그러나 이러한 일반적 인식에도 불구하고 그동안 우리가 간과하고 지내왔던 우리 믿음의 선조 가운데 예수 그리스도를 만나서 그분의 삶을 자신의 인생관으로 녹여내며 살아가신 분들이 결코 적지 않습니다. 이런 분들을 발굴하여 이를 '토착적 영성'이라는 신학 분야 안에서 펼쳐나가는 일은 참으로 귀한 연구가 아닐 수 없습니다.

최 목사님은 영성을 신학적으로 체계화하실 뿐만 아니라, 이 땅에서 영성적 삶을 살다 가신 분들의 신앙과 삶과 신학을 정리하면서 이른바 '영성의 토착화'라는 귀한 신학적 작업을 하신 것이라 생각합니다. 우리가 일제강점기를 거치는 세월 동안, 또한 이념의 극단적 대립 속에서 동족 사이의 전쟁을 치르는 고난과 역경의 나날 가운데 기독교 신앙으로 이겨내신 우리 민족의 자랑스러운 영성적 스승 한 분 한 분이 귀합니다. 이분들을 '한국의 보배로운 영성가'라고 부르는 데 저자와 함께 동의합니다.

이 책을 읽는 이들은 마치 '밭에 감추어진 보화'를 캐내는 기쁨을 맛보게 되리라 생각합니다. 그 기쁨은 이 땅에서 누리는 하늘의 기쁨일 것입니다. 하나님의 나라는 이렇게 지속되어 왔고 앞으로도 확장되어 갈 것입니다. 영성에 관심이 있는 이들이라면 너 나 할 것 없이 이러한 천국 잔치에 참여하는 초대받은 독자로서의 뿌듯함을 영위하게 될 것입니다.

이러한 잔치를 마련하기 위해서 그동안 이곳저곳 역사의 자취를 찾아다니고 직접 만나고 인터뷰하면서 이를 신학적·영성적 관점으로 작품화하였다는 그 노고를 기억하면서, 이러한 까닭에 주저 없이 이 책을 추천하며 일독을 권합니다.

토착 영성가들의 고결한 삶에서
오늘의 신앙을 묻다

매년 계절에 따라 3개월에 한 번씩 『농촌과 목회』에 보낼 원고를 작성하면서 고생스럽고 힘든 부분도 꽤 있었지만, 더 중요한 것은 제 삶의 중심에 작은 심령 부흥회가 열렸다는 점입니다. 그분들의 고귀한 영성 앞에 목이 메 눈물도 흘리고 흥분을 가라앉히지 못한 채, 같은 인간이면서 어찌 이토록 다른, 고결하고 거룩한 믿음의 길을 갈 수 있었는지 궁금함에 몸 둘 바를 몰라 했습니다. 그리고 참으로 부끄러움을 많이 느꼈습니다. 이것은 거룩한 영성가들을 접하며 느끼는 솔직한 나의 감정입니다.

그분들은 세계 교회사에서 유례를 찾아볼 수 없는 한국 교회의 고속 성장에 기여한 공이 분명히 있습니다. 또한 옹달샘 물과 같은 영성의 생수를 전국 마을과 교회로 흘려보냈지만, 찬사와 영광은 받지 못하고 오히려 교리와 신학이라는 올가미로 이단의 무서운 굴레를 씌워 평생을 곤혹스럽게 살아가도록 하였습니다.

그분들의 삶은 단순한 개인의 신앙 역사나 영웅적 전기에 머물러 있지 않았습니다. 그분들의 생애는 일제강점기와 6·25 전쟁이라는 민족적 고난의 역사 속에서 기독교 신앙이 어떻게 민족의 아픔과 사회의 가장 낮은 자리와 만날 수 있는지를 분명하게 보여주는 살아 있는 증언들이었습니다. 그분들은 신앙과 현실, 영성과 실천, 개인의 구원과 사회적 책임을 결코 분리하지 않았으며, 삶 그 자체로 복음을 증언한 인물들이었습니다.

그분들의 실천적 영성은 교회 울타리 안에 머무르지 않고 거리로, 감옥으로, 나환자촌과 결핵 환자 수용소로 확장되었습니다. 그분들의 신앙은 설교보다 행동이었고, 이론보다 삶이었으며, 말보다 헌신이었습니다. 특히 사회적 약자들과 함께한 그분들의 삶은 당시 국가도 하지 못한 신앙의 공공성과 사회적 책임을 감당함으로써 오늘날 사회복지 발전의 한 단계를 앞당기는 계기가 되었다고 볼 수 있습니다. 그분들은 시대의 모순과 고통 앞에서 침묵하지 않았고, 신앙이라는 이름으로 도피하거나 현실을 외면하지도 않았습니다.

오늘날 한국 사회와 한국 교회는 또다시 도덕성과 신뢰의 위기를 겪고 있습니다. 이러한 시점에서 그분들의 영성 이야기는 과거의 미담이 아니라 현재를 향한 질문이자 도전입니다. 그분들의 삶은 현재 우리에게 묻고 있습니다. "신앙은 지금 어디에 서 있는가?", "교회는 누구의 편에 서 있는가?", "우리는 가장 낮은 자들과 함께하고 있는가?"라는 물음 앞에 우리는 직면해 있습니다.

지금까지 서술한 영성가들의 삶이 남긴 가장 큰 유산은 제도나 업적이 아니라, 예수 그리스도의 사랑을 삶으로 살아내고자 했던 '믿음의 사람들'의 치열한 선택이었습니다. 그들의 발자취는 오늘을 살

아가는 신앙인과 연구자, 그리고 대한민국 사회의 구성원 모두에게
여전히 유효한 영적 나침반이 될 것입니다. 그분들의 삶이 한국 교회
와 사회 속에서 계속해서 기억되고 재해석되기를 기대하며, 그분들
이 몸으로 보여준 '신행일치의 영성'이 오늘의 삶 속에서도 다시 살
아나기를 간절히 소망합니다.

최 완 규 목사

목차

1. "한국 기독교의 영적 거장" 전진 원장의 영성 이야기

"한국 기독교의 영적 거장" 전진 원장의 영성 이야기

1. 시작하는 말

우리 역사 속에서 기독교 신앙은 오랜 세월 굳건히 뿌리내리며 특유의 깊은 영성으로 자리 잡았습니다. 한국 기독교는 고난과 역경 속에서도 하늘나라에 대한 소망을 품고 영성을 내재화해 왔습니다. 이러한 생생한 신앙 체험과 깊어진 영성이 한국 교회의 부흥을 이끌고 또 부흥을 통해서 영성의 깊이를 더해 간 것은 분명한 사실입니다. 그러나 현재 한국 기독교는 세상의 풍요함에 취하고 극단적인 이기심에 물들어 점차 영적 기근에 빠져들고 있습니다. 현재 한국 기독교가 처해 있는 왜곡된 신앙의 현실을 극복하고 한국 기독교의 미래를 위한 대안을 마련한다는 점에서, 우리 역사 속 토착 영성가들의 삶을 되짚어 보는 일은 매우 필요하다고 생각합니다.

진정한 영성에 대한 깊은 관심은 신앙을 내실화한다는 측면에서 참으로 바람직한 현상입니다. 과학화와 산업화로 피폐해진 현대인들에게 깊은 삶의 체험을 제공하고 통합적인 삶으로 안내하는 일은 신앙만이 감당할 수 있는 고유한 영역일 것입니다. 미국의 기독교 영성학자 샌드라 슈나이더스(Sandra Schneiders) 박사는 기독교 영성(靈性, Spirituality)을 "삼위일체 하나님을 향한 믿음을 바탕으로 영적 성장을 위한 영성 훈련에 의식적으로 참여할 때 은혜로 얻게 되는 경험이자, 그 경험에 대한 개인적·공동체적 반응"이라고 설명했습니다. 쉽게 말해 영성이란 성령에 이끌리는 삶이며, 순종을 통해 신자 내면에 남아 있는 죄의 습성을 날마다 끊어내는 성화(聖化)의 과정이라 할 수 있습니다.

한국의 영적 거장인 전진 원장은 연약한 여인의 몸으로 한국 개신교 최초의 수도원인 '기독교 대한수도원'(강원도 철원군 갈말읍 군탄리 소재)을 50년 동안 이끌어 오신 분입니다. 생애 대부분을 수도원을 세우고 원장으로 헌신하는 데 바치셨기에 '전진이 곧 대한수도원이다'라는 말이 나올 정도입니다. 50년이라는 세월 동안 절대적인 하나님의 임재와 역사를 온몸으로 체험하고, 그 은혜를 그리스도인들의 삶의 현장에서 나누며 함께 울고 웃었던 그분의 영성 이야기를 펼쳐보고자 합니다.

2. 기독교 대한수도원의 설립

대한수도원을 이해하려면 먼저 철원군 동송읍 장흥리에 있는 장흥교회의 역사를 알아야 합니다. 일제강점기인 1940년, 철원 장흥교회에서 목회하던 박경룡 목사는 암울한 조국의 현실을 위해 기도할 '구국 기도처'를 찾아다니던 중 한탄강 계곡에서 천혜의 기도처 자리를 발견했습니다. 금강산을 축소해 놓은 듯한 순담계곡의 절경을 보고 처음으로 수도원 설립을 계획한 것입니다. 마침 박 목사를 찾아온 친구 이성해 집사는 "보물을 발견했다"는 그의 말을 조금도 의심하지 않고, 고향의 과수원을 팔아 순담계곡 일대의 땅을 매입했습니다. 일제 식민지 말기였기에 공개적으로 수도원을 세울 수 없어, 처음에

는 '군마 양성소'라는 위장 간판을 걸고 말과 염소 몇 마리를 풀어놓고 키웠습니다. 이후 계곡 아래쪽에 장흥교회 교인들의 협력과 봉사로 토담집을 지으며 수도원의 첫발을 내디뎠습니다.

광복 직후에는 일본 고베에서 신학을 공부하고 현지에서 구두닦이를 하며 선교하던 유재헌 목사가 합류하여 초대 원장이 되었습니다. 금강산 입산 기도를 통해 큰 은혜를 받은 유재헌 목사는 부흥회를 열어 수도원 건립 헌금을 마련했습니다. 당시 철원 지역은 북한 공산당 치하에 있었는데, 유 목사는 건립을 준비하던 철원 장흥교회 청년들에게 자금을 전달해 줄 동역자를 찾고 있었습니다.

마침 원산에서 전진 원장을 만난 유 목사는 그에게 자금 전달을 부탁했습니다. 전진 원장은 위험을 무릅쓰고 강원도 철원으로 내려가 윤태현 감리사에게 건립 자금을 무사히 전달했습니다. 나아가 자신이 일할 곳인지 확인하기 위해 수도원 건립 예정지를 둘러보던 중, 성령께서 역사하시는 은혜의 동산임을 직감했습니다. 원산으로 돌아간 전진 원장은 세 살배기 아들 최조영을 등에 업고 마침내 1946년 5월 12일 입산하게 됩니다.

초대 유재헌 목사에 이어 실질적인 개척자인 전진 전도사가 2대 원장을 맡았고, 이후 아들인 최조영 목사가 3대 원장, 박명희 전도사가 4대 원장으로 취임하며 한국 교회를 향한 성령의 불씨를 오늘날까지 꺼뜨리지 않고 이어오고 있습니다.

3. 출생과 성장 과정

전진 원장의 감리교신학교 졸업 사진

전진 원장은 1912년 12월 27일(음력) 충남 논산군 양촌면 명암리 울바우 마을에서 태어났습니다. 감리교 목사인 아버지 전희균과 어머니 한경택 사이의 7남매 중 장녀로, 부모님의 따뜻한 보살핌 속에서 화목한 어린 시절을 보냈습니다. 전진 원장이 8세 되던 해, 아버지는 "딸들도 공부해야 한다"며 친척들의 극심한 반대를 무릅쓰고 원산으로 이사하는 큰 결단을 내렸습니다. 아버지는 원산 루씨여학교(樓氏女學校, Lucy Cunningham School) 교목으로 시무했고, 전진 원장은 아버지를 따라 남촌동교회(후에 원산중앙교회로 개명)에서 신앙생활을 시작했습니다. 이 교회는 하디 선교사가 세운 교회로 처음에는 상리교회였다가 남촌동교회로 개명을 하였습니다. 그 이후 1931년 원산중앙교회로 개명되었는데, 독립운동가 신석구 목사가 담임했던 곳이자, 1903년 하디(Robert A. Hardie) 선교사를 통해 뜨거운 성령의 불길이 타올라 원산 부흥운동과 1907년 평양대부흥운동을 촉발한 역사적인 교회이기도 합니다.

어려서부터 자유분방하고 활달했던 전진 원장은 루씨소학교 시절 지역 육상대회 전교 대표로 출전했으며, 원산 시민 달리기대회에서는 여자 마라톤 1등을 차지하기도 했습니다. 스케이트와 노래에도 소질이 있었고, 뜨개질 솜씨가 좋아서 여동생들의 겨울 외투를 직접 털실로 짜 입힐 정도였습니다. 루씨소학교에서는 전진, 차경화, 고준기 3인방이 단짝으로 유명했습니다.

아버지 전희균 목사는 투철한 신앙과 애국심, 교육자의 지성을 지닌 분으로 복음을 전하고 가르치는 일에 전심전력을 다했습니다. 아버지는 외향적인 딸에게 시대적 상황을 고려하여 밖으로 나돌기보다 내면을 알차게 채우는 데 힘쓰라고 권면했습니다. 전진 원장은 이러한 가르침을 통해 외모를 치장하기보다 마음을 가꾸는 것이 중요함을 깨닫고 영적인 가치에 눈을 뜨기 시작했습니다. 그는 아버지로부터 열정적이고 체계적인 신앙심과 애국심을, 어머니로부터는 어려운 사람을 보살피고 섬기는 사랑의 실천과 겸손을 물려받았습니다.

당시 기독교 학교였던 루씨여학교는 성경을 정규 과목으로 가르쳤고, 매년 가을 유명 부흥사를 초청해 부흥회를 열었습니다. 배은희 목사, 이용도 목사, 김종우 목사 등이 부흥 강사로 초빙되었고, 그들의 설교는 어린 전진 원장의 마음을 깊이 사로잡았습니다. 졸업반 시절, 학교 측에서 일본으로 건너가 가사과나 제과에 유학하라고 추천했으나, 그는 신학을 공부하겠다는 뜻을 품고 이를 정중히 거절했습니다.

4. 감리교신학교 입학과 목회자로서의 훈련

루씨여학교를 졸업하고 일본 유학 추천을 거절한 전진 원장은 1931년 감리교신학교에 입학했습니다. 재학 중에는 서울 이태원교회에서 교회학교를 맡아 지도했고, 학교 선배인 최용신(1909~1935, 소설 『상록수』의 주인공 모델) 전도사를 만나 농촌 개혁운동과 청소년 야학 활동에 깊은 영향을 받았습니다.

1936년 신학교를 졸업한 후에는 고향인 충남 논산제일감리교회 전도사로 부임하여 인근 육곡리교회, 광리교회, 등리교회 등 세 곳을 순회하며 목회했습니다. 당시 그는 "세상에서 가장 좋은 업은 전도업이며, 하나님을 잘 섬기는 것이 조국 독립을 앞당기고 나라를 사랑하는 길"이라며 청년들에게 목회자가 될 것을 적극 권면했습니다. 그 결실로 육곡리교회에서는 서형선 목사, 광리교회에서는 박무길 목사, 등리교회에서는 유흥춘 목사 등 훌륭한 목회자들이 배출되었습니다.

1939년 1월 일제가 신사참배를 강요하자 전진 원장은 목회지 논산을 떠나 원산 본가로 돌아왔습니다. 그해 3월부터는 아버지가 원장으로 계시던 빈아교양원(당시 20여 명을 수용한 남자 고아원)의 실무 책임자로 봉사했습니다. 그러나 신사참배 강요의 손길이 원산까지 뻗쳐오자 결국 빈아교양원 일도 그만두어야 했습니다. 그러던 중 함흥에는 신사참배 강요가 없다는 소식을 듣고 1941년 함흥 북주동교회 전도사로 부임했으나, 결국 1943년 3월 신사참배 문제로 또다시 함흥을 떠나게 됩니다.

신앙의 정도를 지키기 위해 신사참배를 거부했던 그의 삶은 고난과 시련의 연속이었습니다. 하지만 하나님을 향한 일편단심의 절대적인 신앙은 훗날 최초의 기도원인 대한수도원을 이끌어갈 지도자로 연단 받는 과정이었으며, 한국의 대표적인 여성 영성가로 성장하는 든든한 발판이 되었습니다.

5. 회심을 통한 성령 충만으로 대한수도원 설립에 동참

광복 후 전진 원장은 원산중앙교회 전도사로 부임했습니다. 그리고 1946년 3월 11일 유재헌 목사가 금강산 장전교회 부흥회를 인도한 후 곧이어 원산중앙교회에서 초교파 부흥회를 인도하였는데 이때 유재헌 목사와 이성해 집사를 처음 만나게 됩니다. 이 집회에서 전진 원장은 중생 체험을 하는 회심의 사건을 경험합니다. 훗날 그는 이 경험이 감리교 창시자 존 웨슬리의 올너스게이트(Aldersgate) 회심의 체험과 흡사했다고 회고했습니다. 이 회심을 계기로 그는 유재헌 목사, 박경룡 목사, 이성해 집사 등이 추진하던 수도원 운동에 두려움 없이 동참하기로 결단하고 이들을 도와 부흥회를 열고 모금 운동을 전개하며 수도원 건립에 힘쓰게 됩니다.

유재헌 목사는 금강산 석왕사 옆에서 부흥회를 계속했는데 그곳에서 놀라운 역사가 계속 일어났습니다. 전진 원장은 그곳에서 앉은뱅이가 일어나고 소경이 눈을 뜨는 것을 직접 목격합니다. 하나님의

대한수도원 전경

역사하심을 직접 눈으로 확인한 것입니다. 이를 통해 그동안 도마처럼 손으로 만지고 체험된 것만 믿었던 믿음을 완전히 버리게 됩니다. 이성적인 신앙의 틀이 완전히 깨지는 순간이었습니다.

여러 부흥회를 통해 교인들의 정성이 담긴 수도원 설립 기금이 모였습니다. 당시 여성으로서는 쉽지 않은 결단으로 전진 원장은 북한 공산 치하에 있는 철원으로 수도원 건립 헌금을 전달하는 선발대 임무를 자원했습니다. 유 목사는 "철원 청년들이 대한수도원 동산을 지키며 우리가 오기만 기다린다"며 교인들이 모아준 수도원 건립 자금을 그에게 맡겼습니다. 전진 원장은 돈을 허리춤에 깊숙이 감추고 배낭에는 복음성가집을 챙겨 길을 나섰습니다. 여성이라 검문이 덜할 줄 알았으나 열차를 타고 철원으로 가는 도중 복계역에 이르자 삼엄한 검색이 시작되었습니다. 위기를 직감한 그는 달리는 기차 창문을 열고 과감히 밖으로 뛰어내렸습니다. 검문검색에 걸려 붙잡힌 줄 알았던 전진 원장이 약속 장소에 먼저 도착해 있자 철원의 청년들은 놀라움을 금치 못하며 그를 반갑게 맞이했습니다.

모금 운동을 통해 설립하게 된 대한수도원은 6·25 전쟁이 발발하면서 초대 원장이었던 유재헌 목사가 납북되어 생사를 알 수 없게 되었고, 박경룡 목사는 부천으로 목회를 떠나고, 이성해 집사도 신학 공부를 위해 도시로 떠나면서 결국 전진 원장만 홀로 남게 됩니다. 결국 전진 원장에 의해 본격적으로 운영이 이루어져 그는 하나님의 부름을 받는 날까지 열정적이고 헌신적인 활동을 이어갔습니다. 대한수도원이 위치한 곳은 광복 직후 3·8선 이북에 속해 북한 공산당의 극심한 탄압을 받았으나, 휴전 이후에는 남한 영토에 편입되었습니다. 이로 인해 대한수도원은 신앙의 자유를 되찾게 되었고, 오늘에 이르기까지 한국 교회를 위한 중보기도와 구국 기도의 산실로 굳건히 자리 잡게 됩니다. 이용도 목사가 금강산 수양관에서 무기한 금식 기도 중 임재하신 성령의 불같은 역사가 유재헌 목사에게 이어지고 전진 원장에게 이르게 된 것으로, 오늘날 대한수도원의 영성 형성에 기초적 배경이 되었다고 할 수 있습니다.

1965년 5월 수도원 이사회에서 종신 원장으로 추대된 전진 원장은 주로 서울 회현동에 머물며 가정 제단 운동과 기도 운동을 확산시켜 한국 교회 부흥에 크게 기여합니다.

구국 기도와 애국애족의 영성

설립 초기부터 대한수도원은 박경룡 목사와 전진 원장의 나라 사랑 정신을 바탕으로, 독립과 광복을 염원하는 구국 기도와 중보

기도의 장소로 출발했습니다. 지금도 도고의 제단, 민족의 제단, 국가와 민족의 구원을 위한 사명감을 갖고 구국 집회 등으로 민족 구원을 위한 기도가 끊임없이 이어지고 있습니다. 1940년 철원 장흥교회 박경룡 목사가 주도한 독립 기원 비밀결사 조직에서 출발한 조선수도원(대한수도원의 전신)의 핵심에는 애국심이 자리하고 있었습니다. 광복 직후 북한 치하에서도 이곳 철원에서 '신한애국청년회'가 비밀리에 모여 반공 운동과 자유민주주의 이념을 알리고자 전단지를 살포하려는 계획을 준비하였습니다. 그러나 1946년 8월 말에 철원교회에서 지방사경회 새벽 집회가 끝나자 밀고를 받고 출동한 공산당 철원보안서 요원들에게 포위를 당해 신한애국청년회 조직원들이 전원 체포되는 비극이 발생했습니다. 이들 중 일부는 옥중에서 순교했고, 일부는 고문의 상처를 안고 석방되었으나 그 후유증으로 단명했습니다. 전진 전도사 역시 공산당 내무서에 끌려가 취조를 받았고, 풀려난 뒤에도 요시찰 인물로 지목되어 수시로 감시를 받았습니다.

　이러한 아픈 상처가 있었기에 전진 원장은 매년 8·15 광복절 집회 때마다 애국 운동의 상징인 무궁화꽃으로 수도원 내에 무궁화동산을 꾸미고, 제자들과 함께 무궁화색 한복을 맞춰 입고 성회를 인도하며 "무궁화처럼 끈질긴 생명력으로 민족을 사랑하는 영적 십자군 성녀들이 되어 달라"고 권면하며 기도를 이어 갔습니다. 대한수도원은 전진 원장 취임 이래 시작된 매월 1일과 15일의 구국 집회에서 나라와 민족을 위한 중보기도를 지금까지 이어가고 있습니다.

　성령님의 인도하심에 전적으로 순종하는 영성

전진 원장은 1946년 3월 11일 원산중앙교회에서 유재헌 목사의 부흥회를 통하여 영국의 존 웨슬리 목사의 올더스케이트 회심처럼 성령의 큰 능력을 몸소 체험한 이후 전적으로 성령님을 의지하고 따르는 영적 지도자로 거듭났습니다. 그는 대한수도원의 표어를 "제단에 붙은 불을 끄지 말라"로 정했습니다. 이는 수도원의 모든 운영을 성령의 인도하심에 맡기겠다는 굳은 신앙고백이자, 평신도와 목회자들이 하루 24시간 쉬지 않고 체번(替蕃)하여 도고의 향불을 피운다는 의지의 표현이기도 합니다. 끊이지 않는 기도, 쉼 없는 기도를 꺼지지 않는 불로 표현한 것입니다. 이것은 대한수도원의 선언문에도 명기되어 있을 만큼 전진 원장의 대한수도원 운영의 핵심적 가치입니다.

성경적 근거로 살펴보면 구약성경의 불은 하나님의 현현이나 활동하심을 상징합니다. 레위기 6장 13절에 "불은 끊임없이 제단 위에 피워 꺼지지 않게 할지니라"라고 기록되어 있습니다. 여호와 하나님께서 제사를 받으신 증거가 그 제물을 여호와의 불로 태워진 연기에 있었듯이, 성령의 역사가 우리 내면세계에서 불이 타오르듯이 지속되어야 하는 것입니다. 성령의 불을 통한 하나님의 임재를 나날이 시간마다 순간마다 체험하는 그리스도인이 되기 위해서는 끊이지 않는 기도 생활을 해야 합니다. 이스라엘 백성들에게 하나님의 뜻을 나타내시는 하나의 수단이었으며 진노하심과 깊은 사랑, 관심을 드러내는 방법으로 불을 사용하셨습니다.

노동의 영성

신학자 팀 켈러(Tim Keller)는 그의 저서 '일과 영성'에서 "창세기 1장에서 하나님은 일하실 뿐만 아니라 거기서 큰 기쁨을 누리셨다. 스스로 세상을 창조하시고 스스로 지으신 세상을 참 아름답게 여기셨다"라고 서술합니다. 그리고 "인간은 노동의 유전자를 가지고 있는데 그렇다고 노동만이 삶의 유일한 의미가 되어서는 안 된다"고 설명합니다.

전진 원장 역시 "일하기를 싫어하는 사람은 먹을 자격도 없다"(살후 3:10)는 말씀을 늘 묵상하며 게으름을 경계할 것을 주장했습니다. 초대교회의 수도사들도 게으름이 수행에 있어서 커다란 장애물임을 알고 매일 일정한 시간을 정해서 노동을 실천하였습니다.

대한수도원을 처음 시작할 때 운영이 어려워 전진 원장은 이웃의 논밭으로 나가 품삯을 받고 일했고, 방앗간을 운영해 보기도 했습니다.(주일 성수를 위해 3년 만에 문을 닫아야 했습니다) 연약한 여인의 몸으로 직접 지게를 지고 땔감을 해오는 것은 일상이었으며, 대성전을 건축할 때도 몸배바지에 밀짚모자를 쓰고 노동에 동참했습니다. 그러면서도 늘 성경 말씀을 읊조리며 침묵 기도를 이어갔습니다. 전진 원장은 노동도 기도 훈련의 좋은 방법이라 여기고 힘에 겹도록 많은 일을 하였습니다. 그는 영성의 실천 방법으로 낮에는 노동 현장에서 열심히 일하고 밤에는 한탄강 계곡에서 힘껏 부르짖어 기도함으로 '노동과 기도, 영성 개발의 균형'을 몸소 실천하고 가르친 것입니다.

나눔의 영성

초창기 대한수도원은 산나물과 도토리로 끼니를 때울 만큼 가난했습니다. 그럼에도 방문객들에게는 늘 무료로 숙식을 제공하며 "먼저 은혜를 받는 일에 힘쓰고, 나중에 축복을 받으면 그때 감사하라"는 전진 원장의 운영 철학을 실천했습니다. 경제적으로 실패하고, 육체적으로 병들고 의지할 곳 없는 이들이 언제든 와서 쉬고 기도하며 주님을 깊이 체험하는 장소를 제공하는 것으로 나그네 환대의 정신을 펼쳐 온 것입니다. (창 18:2-5, 창 19:3, 요한삼서 1:5)

전진 원장이 자급자족을 위해 조금씩 농지를 마련하여 늘려간 것이 지금은 광활한 직영 농장으로 성장하여 벼농사를 짓고, 각종 농산물을 유기농으로 재배하여 무공해 식단을 마련하여 방문자들을 대접하고 있습니다. 잔여 농산물은 비전교회, 개척교회, 어려운 복지 시설, 어려운 가정에 나눔을 실천하고 있습니다. 또한 숙소는 일주일까지는 무료로 머물 수 있으며 그 이상은 담당자 면담을 통해 장기적으로 봉사하며 체류할 수 있습니다.

교회 개척과 선교의 영성

내한수도원을 통해서 회심과 성령 체험, 봉사를 통하여 자신의 사명을 깨닫고 신학교에 입학하여 공부하고 목회자가 된 분들이 수없이 많습니다. 대한수도원은 가난한 신학생들에게 장학금을 주고, 개척 자금과 교회 건축 지원을 하며 약 1,500명에 달하는 목회자를 배출했습니다. 목회자들은 이곳에서 기도 훈련, 봉사와 섬김 훈련, 정결과 청빈의 훈련을 익히고 이를 목회자의 필수 덕목으로 삼았기에 파송된 교회로부터 많은 호평을 받았습니다. 목회는 이론적 신학 교육은 물론 섬김과 실천이 필수적이기에 대한수도원은 많은 목회자들의 신앙 훈련장이 된 것입니다.

전진 원장은 아버지 전희균 목사의 영혼 구령의 열정을 이어받아 전국 곳곳에 교회가 없는 도시와 마을을 찾아 교회를 설립하고 복음을 전파하고 영혼을 구원하는 것을 생애의 가장 중요한 과제로 삼았습니다. 홀로 신앙생활을 하며 가족 구원을 이루지 못해 안타까워하는 성도들의 요청을 받아들여 그 마을에 교회를 세우는 등 전국 시, 군, 구에 56년 동안 28개 교회를 개척, 지원하며 민족 복음화에 앞장을 섰습니다. 마지막 유언으로 남긴 "남북통일이 되거든 어린 시절 신앙생활을 했고, 성장하여 목회하던 원산중앙교회를 복원해 달라"는 말씀은 사랑하는 교회를 통한 하나님의 임재 의식이 온몸에 배어 있음을 보여주고 있는 대목입니다.

6. 전진 원장의 아픔과 수도원을 향한 오해

결혼 생활의 실패와 상처

태평양 전쟁 막바지, 일제의 징용과 위안부 징집을 피하기 위해 많은 젊은이가 도피성 결혼이나 은둔을 택해야 했습니다. 전진 원장 역시 1943년 정신대 징집을 피하고자 아내와 사별하고 두 아이를 키우던 최광득 씨를 만나 결혼했습니다. 이듬해 전진 원장은 장티푸스로 병원에 입원했는데, 이때 산기를 느껴 조기 분만으로 미숙아 아들을 낳았습니다. 하지만 아기의 상태가 위독하여 죽은 생명으로 여겨 시체실로 옮겨졌다가 기적같이 살아났는데, 그가 바로 대한수도원의 3대 원장인 최조영 목사입니다.

전진 원장의 결혼 생활은 남편의 방탕함과 폭언, 폭력으로 순탄치 않았으나 오히려 이로 인해 그는 역설적으로 예수를 더욱 깊이 의지하게 되었고, 이웃을 돕고 나라를 위해 기도하려는 마음이 생겨났습니다. 결혼 2년 만에 남편이 가출해 행방불명이 되면서 결혼 생활은 결국 파탄이 나고 말았습니다. 이후 해방 전까지 공습과 정신대 징집을 피해 산속에서 피신 생활을 하던 전진 원장은 해방과 더불어 원산중앙교회 담임 전도사로 복직하게 됩니다.

전진 원장은 '결혼에 실패한 자', '남편을 회심시키지 못한 자'라는 무거운 자책감을 평생 안고 살아야 했습니다. 하지만 그는 자신의 뼈저린 아픔을 곱씹으며 오히려 이혼이나 가정파탄으로 상처받은 심령들을 더 넓은 품으로 끌어안고 위로하며, 믿음으로 다시 가정을 회복시키는 일에 평생을 바쳤습니다.

이단으로 오해받는 '안찰'의 의미

전진 원장이 38세 되던 1950년, 하나님으로부터 '안찰'을 행하라는 말씀을 들었습니다. 하지만 당시에는 안찰이 무엇인지도 잘 몰랐고, 전쟁 중인 상황이라 하루하루 미루다 하나님으로부터 책망을 받게 됩니다. 이후 정신질환을 앓던 안복님이라는 경찰관의 부인을 2주 동안 기도로 완치시키면서 본격적인 안찰 사역이 시작되었습니다.

안찰이 계속 진행되면서 전진 원장은 하나님으로부터 이러한 설명의 말씀을 들었다고 합니다. "장차 공해라고 하는 것이 꽉 들어차 인간들을 해롭게 할 것이다. 공해로 인하여 인체의 모든 혈관이 경화

된다. 그러므로 너는 무슨 말을 듣든, 오해를 받든 간에 내가 부리는 대로 네 손을 잘 사용해 다오!"라는 부탁의 말씀이었습니다.

전진 원장은 당시 공해라는 말을 들어보지도 못했고 전혀 알지도 못하는 생소한 단어였다고 합니다. 그런데 그 공해 때문에 혈관이 경화되면 원활한 혈액순환이 이루어지지 못하여 이름 모를 병이 자꾸 생기게 될 것이라는 말씀이었습니다. 오늘날로 말하면 혈전으로 인한 혈액순환 장애를 말하는 것입니다. 이와 더불어 공해로 인해 경화된 혈관을 순환시키는 행위를 '안찰'이라고 말합니다. 이는 잠언 20:30을 근거로 하며 안마, 침술, 뜸과 같은 동양 의학의 원리와 함께 설명할 수 있습니다. 아울러 안찰을 만병통치술로 보거나 맹신하는 것에 주의할 것을 표합니다.

전진 원장의 안찰은 사람에 의해서 이루어진 치료 행위가 아니라 하나님의 명령으로 시작되어졌기에 멈추고 싶어도 멈출 수 없는 것입니다. 대한수도원을 오해하고 비난하는 자들의 공격이 있었지만 오히려 안찰을 받고 병 고침을 받거나 영안이 열리는 신비의 체험을 경험한 사람들이 훨씬 많았기에 안찰은 오늘날까지도 계속 진행되고 있습니다. 하나님의 치유 방법에는 인간들이 이해할 수 없는 비위생적이고 비윤리적이고 비과학적인 방법이 동원되어 질병을 치유하는 경우도 있습니다. 그렇기 때문에 사람들은 인권과 존엄 그리고 과학이라는 잣대로 모든 것을 평가하려는 경우가 있어 늘 충돌할 수밖에 없습니다. 그것이 오히려 하나님의 치유의 역사를 제한하고 방해하는 일들이 되어버릴 수 있다는 점을 간과해서는 안 됩니다.

이단으로 오해받는 '성령 춤'의 의미

성령 춤은 성령님의 인도하심을 따라 몸을 내어 맡기는 춤을 춘다고 해서 '성령 춤'이라 불렸습니다. 이에 대하여 일부 이단 연구가들은 '성령 춤은 전진 원장이 원산중앙교회 전도사 시절, 루씨여자신학원 교수였던 백남주가 운영하던 원산 신학산에서 배운 것으로 이는 백남주의 제자였던 김백문이 전수받아 이스라엘 수도원에서 성탄절 축하 행사의 하나로 행하던 것이다'라고 주장을 합니다.

그러나 이는 역사적으로나 시대적으로 전혀 맞지 않는 황당무계한 주장입니다. 전진 원장이 원산에 거주할 때 루씨여학교에서 공부를 하였으나, 루씨신학원에서는 공부한 적이 없는데 착각을 하고 있습니다. 그리고 그때는 원산 루씨여학교 교목으로 시무하던 아버지 전희균 목사의 엄격한 신앙 지도와 통제가 있었기에 불가능한 일이고, 당시 감리교신학교에서 정통 신학을 공부하고 충남 논산에서 담임 목회를 한 전진 원장이 분별력 없이 당시 이단 사상에 휩싸인 백남주에게 성령 춤을 배웠다는 것은 있을 수 없는 주장입니다.

선신 원상의 증언에 의하면 성령 줌의 시작은 1959년 예배당 건축 당시로 거슬러 올라갑니다. 소아마비로 손과 발이 불편하고 언어도 어눌해서 '뛰뛰 할아버지'라는 별명이 붙여진 유 씨 할아버지가 계셨습니다. 그가 헌신적인 봉사와 열심으로 성전 건축에 기여해 공로상(옥양목 두루마기)을 받은 뒤 너무 감격하고 기뻐서 덩실덩실 춤을 추었고, 주위에 있던 성도들이 그 기쁨에 동참하면서 함께 춤을 추면서 자연스럽게 시작되었습니다. 그렇게 간헐적으로 이루어지다가 1965년 성령님의 감동과 인도하심으로 이복영 장로가 군무 형태로 지도하면서 성령 춤이 시작돼 그해 8월 집회부터 본격화되어 고유의 성령 운동의 하나로 정착하게 된 것입니다.

7. 맺는말

1946년, 전진 원장은 서른네 살의 홀로 된 연약한 여인의 몸으로 전깃불도 없는 캄캄한 숲속에 세 살짜리 어린 아들을 업고 들어와 우람한 나무들로 가득 찬 깊은 숲속에 화전민이 되어 대한수도원을 일구었습니다. 그리고 수많은 영적 지도자를 양성하고 목회자를 길러내어 전국에 산재한 불신 마을에 교회를 세워 잠든 영혼을 깨우며 하나님 나라의 일꾼으로 세우셨습니다. 대한수도원 깊은 산골짜기에서 흘러나온 기도의 영성이 한국 교회의 영적 목마름을 해갈하고 구원받은 생명의 나무들이 잘 자라갈 수 있도록 마르지 않는 샘물이 되었음을 우리는 결코 잊지 말아야 합니다.

전진 원장은 유언으로 "원산에서 교회 활동을 잊을 수 없다며 남북통일이 되면 꼭 원산중앙교회를 재건해 달라"고 부탁했다고 합니다. 이는 남북통일을 향한 애타는 염원인 동시에, 대한수도원 설립의 싹을 틔웠던 원산중앙교회 부흥 집회와 당시 유재헌 목사가 끼친 크나큰 영적 영향력이 그분의 마음속에 깊이 아로새겨져 있었기 때문일 것입니다.

또한 전진 원장은 "기독교인이 나라를 위해 할 수 있는 최선의 일은 중보기도와 진실한 삶"이라고 강조했습니다. 초기 대한수도원

대성전은 거대한 배 모양으로 지어졌는데, 뱃머리인 대성전의 전면 종각 방향이 서쪽을 향하고 있습니다. 이는 "서양으로부터 복음을 받았으니 다시 서양으로 복음의 빛을 전파하자"라는 '복음의 서진 운동(西進運動)'의 웅대한 비전을 담은 것입니다. 설립 초기부터 대한수도원의 세계를 향한 선교 비전을 한눈에 볼 수 있는 대목이라 할 수 있습니다.

현재의 '복음의 서진 정책(西進政策)'의 구체적인 실천 방법으로 해외 선교사들을 통하여 해외의 젊은이들을 초청해서 성령 집회에 참석시켜 성령 충만 체험의 기회를 만들었습니다. 이 젊은이들이 본국으로 돌아가 성령 춤과 안찰을 시행하며 성령의 체험과 치유의 기쁨을 누렸습니다. 그리고 소명 받은 젊은이들을 한국으로 초청해 신학 공부와 목회 훈련을 시켜 본국으로 보내기도 합니다.

앞으로 기독교 대한수도원이 위대한 영성가 전진 원장의 탁월한 영적 리더십과 '희생과 섬김의 정신'을 기념관 건립, 유품 정리, 출판 등을 통해 후대에 잘 전승해 나가기를 기대합니다. 나아가 인터넷 홈페이지 개설, SNS, 소식지 발행 등 현대적인 소통 수단을 통해 대한수도원의 맑은 영성의 샘물이 한국 교회뿐 아니라 전 세계로 뻗어나가, 복음의 서진 운동(西進運動)이 더욱 풍성한 열매를 맺기를 간절히 소망합니다.

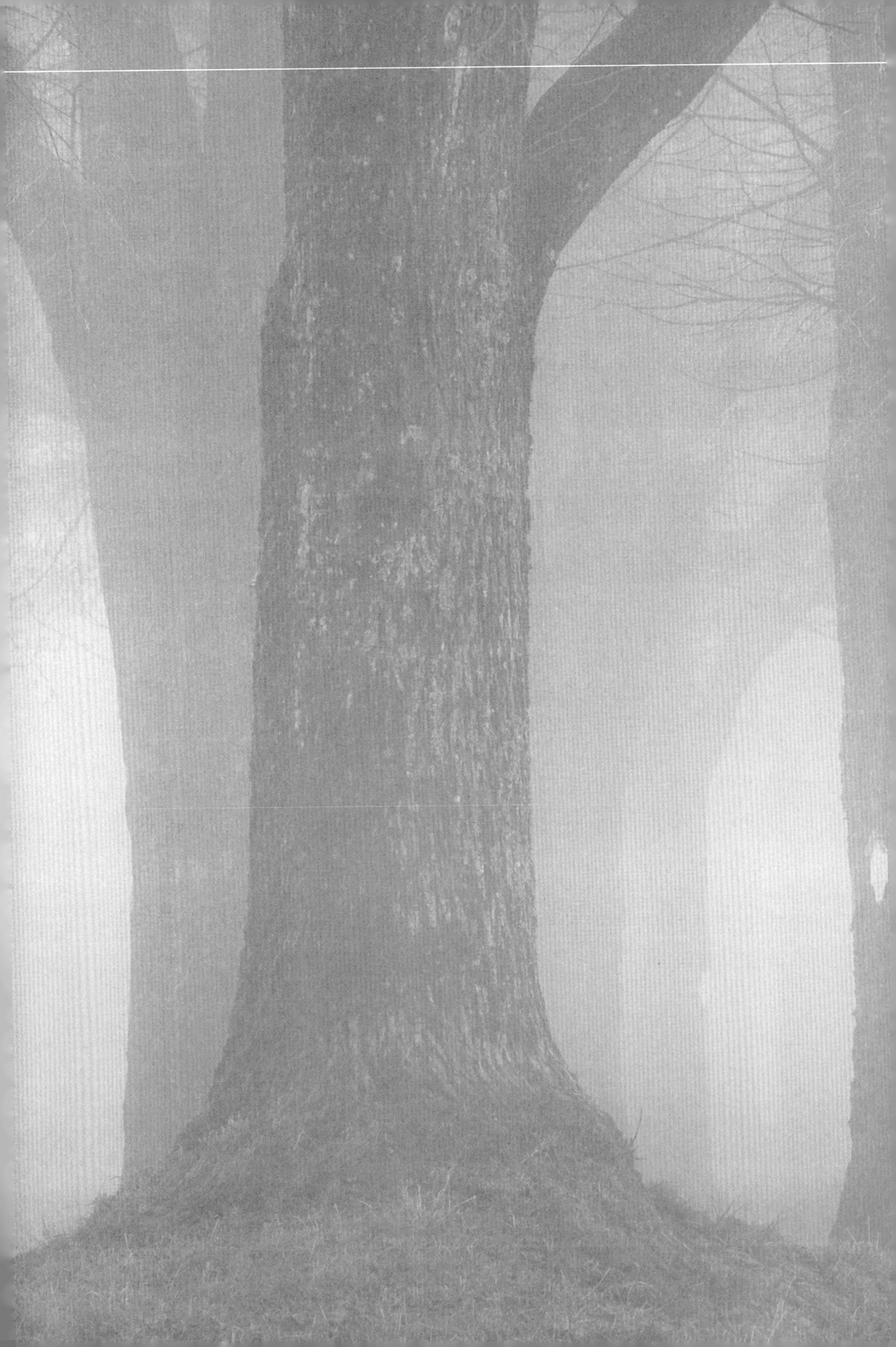

2. "복음으로 민족의 밤을 깨운 애국 운동가",
애산(愛山) 김진호 목사의 영성 이야기

1. 시작하는 말

한국 교회가 선교 140년의 역사 속에서 급속한 성장을 이루고, 오늘날 우리가 자유로운 민주 독립 국가로 현재를 누릴 수 있는 것은 선교 초기 선교사들의 눈물겨운 희생과 수많은 기독교인의 헌신이 있었기 때문입니다. 나아가 목숨을 바쳐 독립 자주 국가를 세우려 했던 애국지사들의 열정적인 헌신이 있었기에 가능한 일이었습니다.

한국 기독교는 을사늑약으로 시작된 일제 침탈의 암울한 시기에 주저 없이 독립운동에 참여했습니다. 타 종교에 비해 옥고를 치르거나 혹독한 고문으로 순교한 기독교 애국지사의 수가 월등히 많았으며, 3·1독립선언서 33인의 민족 대표 중 16명이 기독교인이었을 만큼 당시 기독교인들에게 애국 운동은 신앙의 기본 의무와도 같았습니다.

우리 겨레가 목숨 걸고 독립 만세를 부르며 일제로부터 해방을 맞이하였으나, 세월이 흐르면서 독립된 조국의 소중함과 애국지사들의 숭고한 희생은 점차 잊혀지고 있습니다. 이러한 안타까운 현실 속에서, 한국 기독교의 토착 영성가이자 목회자이며 그리고 헌신적인 교육자이며 애국지사였던 애산(愛山) 김진호 목사(1873~1960)의 영성과 목회 여정을 깊이 조명해 보고자 합니다.

그는 배재학당의 교사로서 학생들에게 독립운동 정신을 심어주었고, 독립선언서 인쇄물을 학생들을 통해 서울 주재 외국 대사관에 전달하려다 학생들과 함께 체포되었습니다. 이로 인해 징역 7개월과 집행유예 3년을 선고받고 서대문형무소에서 옥고를 치렀습니다. 석방된 후에도 그는 쉼 없이 학생들의 민족의식을 일깨웠으며, 그들이 독립운동에 앞장설 수 있도록 선구자로서의 역할을 묵묵히 이어갔습니다.

무쇠처럼 강인하면서도 따뜻한 사랑의 목자였던 애산 김진호 목사는 수많은 후학을 길러냈습니다. 그동안 담임으로 시무하던 교회들에서는 진정한 그리스도의 사랑을 몸소 실천하였고, 선교의 현장에서는 사도 바울과 같은 자기희생과 헌신의 자세로 영혼 구령에 자신을 불살라 왔던 인물이었습니다. 바쁜 목회 중에도 수많은 국한문 설교문과 한시(漢詩)를 남겨, 오늘날 후학들에게 소중한 목회적 실천 교재로, 문학적 소중한 자료로 전해지고 있습니다. 대중적으로 널리 알려지지는 않았으나, 그의 숭고한 사상과 업적은 여러 학위 논문과 학술지를 통해 소개되었고, 다수 출간되어 연구의 중요한 자료로 조명받고 있습니다.

1960년 9월 29일, 애산 김진호 목사는 서울 부암동 자택에서 소천하여 배재학교장(葬)으로 장례가 치러졌습니다. 그로부터 39년이 흐른 1998년, 대한민국 정부는 신민회 및 상동청년학원 활동과 3·1 운동 참여로 옥고를 치른 공로를 기려 그에게 '건국훈장 애족장'을 추서했습니다. 현재 고인은 대전 국립현충원 애국지사 묘역에 안치되어 있습니다.

2. 출생과 성장 과정

김진호 목사

김진호 목사는 1873년 10월 23일, 경상 북도 상주시 이안면 가장리 138번지(현 행 정구역)에서 청풍 김씨 24대손으로, 아버지 김규진과 어머니 강옥산 사이에서 차남으로 태어났습니다. 그의 호는 '애산(愛山)'입니다.

김진호 목사 위로는 여섯 살 터울의 장남 진수가 있었습니다. 김진호 목사는 다섯 살 때부터 형을 따라 서당에서 한문의 기초를 배웠습니다. 그런데 형 진수가 열네 살에 다섯 살 연상의 여인과 혼인한 지 불과 몇 달 만에 갑작스럽게 병(이질로 추정)으로 요절하고 맙니다. 큰 충격을 받은 부모님은 몸져앓아눕게 되었고, 졸지에 장남의 자리를 물려받은 차남 김진호 목사는 가문의 막중한 책임을 짊어지게 되었습니다. 그 역시 형처럼 열다섯의 어린 나이에 다섯 살 연상의 김소양과 혼인했습니다.

집안이 안정을 되찾자, 김진호 목사는 조부와 부모의 지원 속에 학문에 더욱 매진했습니다. 낙동강 상류 이안천을 낀 집성촌(集姓村)에서 나고 자란 그는, 가학(家學)의 전통을 잇는 서당에서 종친 어른들로부터 유학(儒學)의 기초를 닦았습니다. 조선 시대의 학습 기관으로는 공립인 향교가 있었는데 주로 일읍일교(一邑一校)로 도회지에 설립하였고, 사립으로 서원과 전통 서당이 있는데 마을의 집성촌(集姓村)에서 가학(家學)을 기초로 하여 거점 지역의 학문적 기반과 문화와 전통을 이어왔습니다. 즉 가학은 조선 시대 학문 전승의 통로 중하나입니다. 한성(서울)에 올라가 과거 시험을 치르기 위해 유교의 경전인 사서오경(四書五經)을 깊이 있게 수학했습니다.

3. 상경과 구국의 길 모색

김진호 목사는 스무 살이 되기 전 한성(서울)으로 올라가 과거 시험을 치렀으나 애석하게도 낙방하고 맙니다. 당시 어머니는 아들의 급제를 위해 밤마다 정화수를 떠 놓고 북쪽을 향해 간절히 배례와 기도를 하였는데, 훗날 김진호 목사는 설교집 『무화과』에서 "내가 일찍이 과거에 응시하려고 하였는데 어머니께서 밥을 지어 늘 깊은 밤중에 북두칠성에 대고 제사를 올렸습니다. 나는 오늘날까지 그 일을 잊지 못합니다."라고 회고하기도 했습니다.

벼슬길에 올라 입신양명하려던 뜻을 이루지 못해 번민하던 그는, 1902년 12월 12일에 상주 화녕 거주 한학자이자 동향 친구인 김유(후에 김봉수로 개명)를 한양에서 우연히 만납니다. 김유는 송시열의 9대손으로 조선 후기 유림 사회에서 마지막 척사론자로 추앙을 받던 연재(淵齋) 송병선의 문하생으로 일찍이 서울의 권문세도가에 출입하면서 관계 진출을 모색하고 있었습니다. 또한 김유는 학식이 뛰어나고 애국사상에 불타는 지사였습니다. 두 사람은 어지러운 시대

의 바른길을 찾고자 정부 참찬 허위 선생과 판서 이용태 등을 찾아
가 시국을 논했으나, 뜻을 온전히 나눌 수는 없었습니다.

"아무리 생각하여 보아도 정훈(庭訓)만 지키고 있을 수 없어 보호
조약 6년 전인 경자년(1900) 봄에 경성에 올라와 시국을 관찰하였다.
이때에 이른바 선비의 처신을 어찌하여야 옳을까 생각하던 중, 마
침 송연재 장문인인 김유 형을 만났다. 김형(金兄)은 학식(學識)이 초
월(超越)하고 가장 애국사상(愛國思想)에 불타는 지사(志士)이다. 이 어
지러운 시대(時代)에 바른길을 찾으려고 김형과 같이 정부참찬(政府
參贊)인 허위(許蔿) 선생(先生)을 가보고 또 판서(판서) 이용태(李容泰) 씨
(氏)를 가보고 하얏으나 다 토론(討論)하야 의사(意思)를 교환할 수 없
었다."

(『병중경록』 팔일회고 중에서)

당시 일제는 러일전쟁을 일으키고 1904년 한일의정서를 강제
체결하며 조선을 식민지로 삼으려는 야욕을 노골화했습니다. 미국
(가쓰라·태프트 밀약)과 영국(영일동맹)의 묵인까지 받아낸 일제는 마침
내 1905년, 대한제국의 외교권을 박탈하는 '을사조약'을 강제로 체결
합니다. 이 비보와 함께 민영환의 자결 소식을 들은 그는 아픈 마음
으로 "무슨 법으로 일인들의 독아(毒牙, 독니)를 면할까. 조선인이 하
는 일은 이제 한 가지도 성공할 수 없게 되었다."라고 하였습니다. 그
리고 안동여사(安東旅舍, 안국동)에서 혼자 눈물을 흘리고 실컷 울었으
나 그것도 무슨 소용 있냐며 자탄하였습니다.

4. 전덕기 목사와의 만남,
   그리고 영적 체험

전덕기 목사

입신양명을 위해 만났던 권문세가들과 달리, 김진호 목사의 인생을 뒤바꾼 결정적 전환점은 상동교회 전덕기 목사와의 만남이었습니다. 을사늑약과 민영환의 순국이라는 역사적 사건은 그가 기독교 지도자를 찾게 된 계기가 되었습니다. 처음에는 지인의 권유로 인사동 승동교회에 나갔으나, 그곳의 한 장로에게 민영환의 순국 자결에 대한 의견을 묻자 자살을 죄로 인식해 "역적이지요."라는 일언지하의 대답을 듣고 크게 실망하여 발길을 끊었습니다.

얼마 후, 그는 상동교회 전덕기 목사를 찾아가 같은 질문을 던졌습니다. 전 목사는 깜짝 놀라며 이렇게 대답했습니다. "그 말은 옳은 말이지만 잘못 들으면 낙심이 됩니다. 사람의 생명은 하나님이 주관하시는 것인데 민영환이 자의(自意)로 죽었으니 하나님을 거스른 것이란 말이지, 나라의 역적이란 말이 아닙니다. 그리고 민영환이 양심으로 죽었으면 하나님이 죄로 여기지 않습니다."

이 깊이 있는 대답에 맺혔던 의분을 푼 김진호 목사는 상동교회에 출석하기 시작했고, "조선의 진정한 애국자는 누구인가?"에 대한 해답을 기독교 신앙 안에서 발견하게 되었습니다. 이 땅이 우리가 수

천 년 거하여 살아온 땅인데 불시에 일본이 강압적으로 주장하니 젊은 그의 마음에 얼마나 충격이었고 비통했을지 짐작할 수 있습니다.

전덕기 목사는 스크랜턴 선교사와 스크랜턴 대부인의 사랑에 감화되어 신앙을 시작한 인물로, 1907년 상동교회를 담임하고 1910년 장로 목사 안수를 받은 민족운동을 이끈 위대한 영적 지도자였습니다. 김진호 목사는 1907년 전덕기 목사로부터 세례를 받았고, 전 목사가 별세한 1914년까지 약 7년 4개월 동안 교회 내에 있는 사택 옆에 머물며 그의 목회를 도왔습니다. 또한 공옥학교(攻玉學敎)와 청년학원(靑年學院)에서 교사로 헌신하며 신민회 활동 등 애국 운동에 뛰어들었습니다.

김진호 목사가 먼 미래를 내다보고 학구열을 불태우면서 신앙 활동에서 적극적이고 담대하게 된 것은 상동교회 지하실에서 매일 기도하며 뜨거운 영적 체험을 겪으면서부터입니다. 성령님의 동행과 역사하심을 믿게 되었고, 적극 신뢰하는 경지로 나아가게 되었다고 고백하곤 합니다. 그리고 일제에 의해 서대문형무소에서 수감 생활 할 때 얻은 심한 고문 후유증으로 숙음의 분턱을 넘나드는 고통을 겪었는데 그때 병상에서 기록하기를 "이날이 곧 섣달그믐밤이었는데, 울며 기도하니 슬픔에 목이 메었다. 부모님께 불효하고 형제 우애도 잘못했으며, 원수도 많이 맺었고, 나라를 위해서도 충성하지 못했으니 누가 능히 돌보아 불쌍히 여길 수 있겠는가? 주님만이 날 버리지 않으셔서 죄 씻어 눈과 같이 희게 하셨다."라고 고백하면서 하나님의 은혜를 찬양하는 세 편의 한시(三首)를 남겼습니다.

"이해에 인천에서 다시 근무하게 되어서 다시 돌아가서 1년을 머물게 되었다. 자원했었는데 다만 죄의 병이 심할 뿐이어서 거룩하신 예수님의 은총을 받을 수가 없었는데. 이해의 늦은 봄을 당하여 만물이 빛나고 더욱 무성한 때에 하나님 은혜의 날이 지극하여서 죄인을 버리지 않고 은총의 빛으로 덮어주시므로 더욱 축복하심에 이 시를 지었다."

(是年再勤仁川歸更留一年矣, 自願罪病但深聖蘇不可承, 當是年春暮萬物职职尤盛 天恩之日極不棄罪人恩光覆盆福及遂賦焉)

1.
春來依舊愛桃花 봄은 예전처럼 찾아와서 복사꽃 피고
感激天恩宥我家 하늘 은총의 감격 우리 집 사유하셨네.
艸色庭除娛目極 뜰 안의 푸른 풀을 눈으로 한껏 즐기며,
鳥聲林谷悅開多 새 소리 숲 골짜기에 기쁨을 터트리네.
友商處處來雲帆 상선은 곳곳에서 큰 돛배로 들어오고
兒學朝朝送汽車 아이 학교는 아침마다 기차로 보낸다.
我在仁川緣這事 내 인천에서 이런 일들을 인연하면서
還如何遜憶拇查 어찌 겸손한지 조사받던 일 생각나네.
2.
流行坎止總由天 흐르다 웅덩이 멈춤이 하늘 이치인데
墨突生涯又一年 분주한 내 생애는 또 한 해가 지났네.
牛角春深櫻似霰 쇠뿔에 봄이 깊어 앵두꽃잎 흩어지고
龍岡日暖艸如煙 산마루에 해가 따스해 풀이 짙어지네.

52

讀書案上親師友 책상에서 책 읽으니 스승과 친해지며,
講福堂中集俊賢 강당에는 때나고 어진이들 모여 오네.
生入玉門惟我願 천국 문 들어가는 것 오직 나 원하니
心香日日祝神前 맘의 향기 날마다 하나님께 기도하리,

3.
三春無意病中過 봄 석달 뜻하지 않게 병중에 보냈는데
花鳥尋常笑又歌 꽃과 새들은 놀랍게도 웃으며 노래하네.
破屋十年餘行民 고향 떠난 지 10년 넘어도 나그네 되고
寒官今日再揚衙 벼슬도 없이 오늘도 관아에 오르내리네.
人生末路翻成黑 인생의 끝자락에 검은색은 다 날아가고
世事雙鬢謾作皤 세상 살이에 양 살쩍의 흰머리만 비웃네.
極目天門雲似柱 저 멀리 구름은 하늘 문의 기둥과 같고
忙忙我步日將斜 바삐 걷는 내 발걸음엔 저녁 해 비끼네.

(한시집 『빙어』중에서)

김진호 목사는 일생 동안 7개의 교회(홍제원, 이태원, 경성, 주을, 생기령, 어항, 회령교회)를 개척하고 6개의 교회(내리, 궁정동, 삼천동, 계동, 청진, 주문진교회)에서 목회를 하며 참 목자장 되신 예수 그리스도를 중심에 두고 목회하였습니다. 그리고 두 번 감옥(서대문형무소, 소련과 북한에 의해 청진 보안서 감옥)에 수감되었지만 민족의 독립과 복음 전파에 있어서는 한 치의 타협도 없이 자신을 투신하였습니다. 그의 목회는 화해와 일치를 이루는 화평의 목회요, 복음의 능력으로 전도하고 성도들

이 내실 있는 성숙한 그리스도인으로 성장하도록 했고, 성도들 스스로 교회의 주인의식을 갖고 섬기도록 하였습니다.

탁월한 문필가이기도 했던 그는 설교문을 순(純) 한문으로 기록한 설교가로 유일합니다. 그가 남긴 저작물은 초서 한문 설교집인 『무화과』(1~6권), 『일기무화과』(1~3권), 국한문 설교집 『무화과』(4~5권), 한글 설교집 『무화과』(5~6권), 함경도 일대에서 전도한 교회 역사 기록서인 『북선전도약사』(北鮮傳道略史), 『조선사초』, 유득공의 글을 국한문으로 완역한 『2.1도회고시』(古詩), 옛글 모음인 『골화집』(骨華集)(1~3권), 병상 수필인 『병중경록』(病中鏡錄), 한시집 『빙어』(1~2권), 다양한 시사적인 글인 『임하춘추』(林下春秋)(1~4권), 『국사요강』(상, 하, 보), 훈민정음 사용에 대한 기록인 『조선정음약해』, 신앙 예화 116개를 번역한 글 『복음물어』, 목회 기록지인 『각 교회 세례인 명부』, 『잘 뽑은 조선말과 글의 본』(공저) 등의 저서와 이 외 1,500편이 넘는 한문 설교, 그리고 자필 일기(1928~1939)(9권) 등 많은 기록물을 남겼습니다.

5. 성경 중심의 영성

여덟 살에 타계한 형을 대신해 장자가 되고, 스물세 살에 부친상을 당하며 홀로 된 어머니와 큰형수 가족, 어린 동생 세 명 등 여덟 명의 생계를 책임져야 하는 빈곤한 집안의 가장이 되었지만 김진호 목사는 철저한 유교 전통 속에서 효(孝), 제(悌), 충(忠), 신(信)의 덕목을 내면화하며 성장했습니다. 이러한 유교적 윤리관은 훗날 그의 기독교 영성과 결합하여 훌륭한 인격적 바탕이 되었습니다.

이후 그는 1910~1912년 사이에 상동교회 성서 학습 과정을 수료하면서 전덕기 목사로부터 공옥학교, 상동청년학원 교사로 임명되었고, 안창호, 전덕기, 이동휘, 이동녕, 이갑, 유동열, 양기탁 등이 활동하던 신민회에 가입해 국내 비밀 연락책을 맡음으로 독립운동에도 참여하게 됩니다. 1912년~1915년에는 피어선성서학원과 감리교신학교에서 신학 과정을 수료하고 상동교회에서 전도사직을 임명받으면서 본격적으로 교회 지도자로서 길을 걷기 시작합니다.

그가 남긴 한문 설교집 『무화과』 5권을 통해 김진호 목사의 복음적 영성과 신학적 사상을 살펴볼 수 있습니다. 이 책에 담긴 천여 편이 넘는 설교들은 그의 개인, 가정, 국가관을 포함한 그의 내밀한 영성을 판단할 수 있는 근거를 제공합니다. 특히 그의 설교들은 성경 중심적 영성의 관점을 잘 드러냅니다. 예를 들어 1930년 11월 9일 상동교회와 정동교회에서 '하나님의 말씀을 듣는 자'(聞神之言者)라는 설교에서 그는 성경을 통해 항상 전달되는 하나님의 말씀을 듣지 못하는 인간의 한계를 지적하면서, 인간 내면의 일체의 생각 이전에 하나님의 말씀을 가장 먼저 경청해야 할 필요성을 강조합니다. '말씀이 곧 하나님이다'(神神也)라는 설교에서는 신자라면 마땅히 성경을 통해 죄로부터 벗어나야 한다는 당위성에 대해 서술하고 있습니다.

김진호 목사의 영성이 성경에 대한 근본적인 시각으로부터 출발했다는 점은 지금까지의 기독교 영성의 정의와 일치하며 학자들의 견해와도 일치합니다. 성경을 영성의 핵심적인 지향점으로 설정했다는 점이 매우 특이하다고 할 수 있습니다. 가톨릭 영성을 연구해 온 신학자 조던 오먼(Jordan Aumann)은 기독교 영성에서 최우선의 기준과 원천을 성경이라고 정의하면서, 그 이유가 단순히 역사적 기원의 차원이 아니라 기독교 영성의 어떤 유형과 표현 양식도 성경과 가까울수록 그 가치가 확실해지는데, 성경이 각 개인이 범할 수 있는 해석의 오류를 차단하고 모든 영성의 세부 요소들을 통합하는 근본적인 표준의 역할을 담당한다고 말합니다.

여기서 성경을 기독교 영성의 가장 핵심 기준으로 제시한다는 명제는 인류에게 전달되는 하나님 계시의 가장 근본적인 매개체가 성경이라는 점에 대한 강력한 확신을 의미합니다. 성경 탐독이 지적 만족의 차원이 아닌 삶의 개혁과 국가의 향방과 연결함으로써, 하나님의 역사 참여와 그것을 토대로 인류에의 헌신이 영성의 가장 소중한 자산임을 주창하는 것입니다. 따라서 그의 영성은 철저히 성경의 말씀에 대한 경외심과 성경의 가르침을 일상에서 철저히 구현하겠다는 자세에서 비롯하고 있습니다. 이는 이후의 성도들이 반드시 기억해야 할 영성의 중요한 원리를 잘 보여주는 것이기도 합니다.

김진호 목사는 또한 기도를 중시하였는데, 1932년 5월 1일에 '주의 기도'라는 제목의 설교에서 "주님의 기도를 통해 나타나는 기도의 효력이 남의 허물을 덮고 자신의 부족함을 인식하고 교정하는 역할과 하나님의 보호를 촉진하는 것임을 명시한다. 이를 통해 기도는 하나님과 기도하는 주체로서의 각 개인과 그 개인이 생활하는 공동체 구성원 전체와의 관계성으로 확장된다."고 하였습니다. 그는 성경과 기도 생활이 모든 신자들에게 필수적인 영성 생활의 표준이며 구

체적인 덕목인 동시에 반드시 삶에서 실행되어야 할 가치가 있음을 선언하고, 자신의 목회와 설교를 통해 부단히 강조하고 있습니다.

6. 복음주의적 애국계몽 정신

1905년부터 1910년 사이 전개된 애국계몽운동은, 훗날 국권 회복의 주역이 될 청소년들을 새로운 민족 간부로 양성하는 데 중점을 두었습니다. 낭시 서울의 상동청년학원, 평북 정수의 오산학교, 평양의 대성학교가 그 구심점 역할을 담당했습니다.

상동청년학원과 배재학당의 교사로 재직하던 김진호 목사는 애국 운동의 일환으로 학생들의 민족의식 형성에 큰 비중을 두었습니다. 배재학당에서는 학생들이 꼭 알아야 할 성경과 한국 역사, 한글을 가르쳤으며, 성경의 핵심인 '사랑의 신앙'을 직접 실천할 수 있도록 헌신과 봉사의 장을 마련해 주었습니다. 그는 학생들과 함께 서울 근교의 낙후된 교회들을 찾아다니며 무너져 가는 곳을 다시 일으켜 세웠습니다. 학생들은 매주 어린이들에게 찬송과 한글, 성경을 가르치며 전도와 봉사를 이어갔습니다. 또한 방학이 되면 그는 배재학생기독청년회 학생들과 전국을 순회하며 부흥회를 열었고, 학생들이 직접 찬양을 인도하고 설교까지 맡게 함으로써 실천적인 영적 지도자로 훈련시켰습니다. 이처럼 김진호 목사의 목회는 크게 '학원 목회'와 '교회 목회'라는 두 가지 든든한 축을 중심으로 전개되었습니다.

배재학당에서 정년 은퇴한 후 교회 목회에 임했는데 일제 말기 종교 탄압이라는 외부 요인과 교회 내부의 갈등과 분쟁으로 인한 어려운 환경에서 화해와 일치를 추구했습니다. 즉 그의 목회는 갈등과 분쟁을 극복하는 '평화 목회'라고 볼 수 있으며 기독교 신앙과 민족운동의 조화를 추구했다고도 할 수 있습니다.

김진호 목사의 목회와 인생은 교회 내부에서 진행되는 예전과 교육 차원에만 머무르지 않았고 조국의 역사적 비극을 분명히 인식해 그것을 해결할 수 있는 본질적인 방법을 기독교 신앙에서 찾으려고 시도했습니다. 이 과정에서 그가 지향한 애국정신은 조국의 세력 확대나 팽창을 목표로 한 강탈과 대결, 경쟁이 아니라, 불의한 피해를 당하는 민족에 대한 애정으로부터 시작된 것입니다. 비록 그가 일본말을 사용하지 않거나 신사참배를 하지 않는 등 독립운동을 다방면으로 전개했지만, 그것은 일본 또는 일본인에 대한 분노와 반감을 바탕으로 한 것은 아니었습니다. 그는 국가 발전을 위해 타국을 의도적으로 침범하고 피해를 주는 행위들을 비판하고, 부당한 대우와 엄청난 고통을 감내하는 조국 동포들의 존엄성을 회복하는 평화적 애국심을 추구했기 때문입니다. 이를 위해 애국정신을 평화적으로 실현하는 방법을 모색했고, 순회 전도라는 기독교 신앙의 방법론을 통한 민족 계몽 사업을 해법으로 제시했습니다. 이런 과정은 결국 그의 애국정신이 무력을 통한 억압이나 적대적인 경쟁과는 무관함을 보여줍니다. 그리고 기독교 신앙의 바탕 위에 정의롭고 공평한 관계를 추구하고, 조선 사회에 만연했던 허영의 악습을 제거하며, 모든 인류의 진정한 자유를 추구한 사실은 그의 애국정신으로부터 기독교 영성을 논할 수 있는 가치를 제공합니다.

7. 웨슬리안적 영성과 신학적 사상

김진호 목사의 영성은 감리교의 창시자 존 웨슬리(John Wesley)의 복음주의적 전도와 성화(聖化)에 깊은 뿌리를 두고 있습니다. 그는 성경을 바탕으로 하나님과 이웃의 관계를 온전히 맺기 위해 사랑을 실천하는 '윤리적 측면'을 강조했습니다. 일제강점기라는 암울한 탄압 속에서, 그의 영성은 민족의 비극을 경험했던 이스라엘의 역사에 빗대어 조선 백성들이 나아갈 올바른 방향과 삶의 목적을 회복하기를 간절히 바라는 마음으로 표출되었습니다.

그의 기독교 사상은 독립운동가 전덕기 목사의 "예수를 믿으려면 참으로 믿고 나라를 사랑하려면 참으로 사랑하라. 국가를 떠난 신앙은 죽은 믿음이다"라는 투철한 애국 신앙을 바탕으로 형성되었습니다. 이러한 사상은 그의 애국 운동과 교육, 그리고 목회 전반에 걸쳐 다음의 세 가지 핵심 흐름으로 나타나고 있습니다.

첫째, 십자가의 사랑으로 하나가 되는 '감이위일(減二爲一)' 사상입니다. 그는 십자가가 곧 사랑이며, 주님께서 둘을 하나로 만드시기 위해 이 땅에 오셨다며 '감이위일(減二爲一: 둘을 줄여 하나로 만듦)'을 주창했습니다. 이는 애국 안에 교육과 목회가 있고, 교육 안에 애국과 목회가 있으며, 목회 안에 애국과 교육이 존재하는 '삼위일체적 구조'를 의미합니다. 실제로 그가 인천 내리교회에서 목회할 당시, 극심한 내분과 갈등에 휩싸인 상황 속에서도 1년을 묵묵히 엎드려 기도하며 전도에 집중했습니다. 마침내 직분자들의 세대교체를 이끌어내며 교회의 부흥과 성장의 계기를 만들었습니다. 이는 "죄는 줄이고 이웃 사랑은 늘리라"는 존 웨슬리의 성화(聖化) 부분과 맞닿아 있으며, 각자의 정체성을 유지하면서도 하나 됨을 지향하는 오늘날의 에큐메니컬(교회 일치) 신학과 통일 신학에도 큰 시사점을 던져줍니다.

둘째, 민족과 세계를 품고 눈물을 흘리지 말라는 '무달(無怛)' 사상입니다. '무달'은 장자(莊子)에도 등장하는 개념으로, 달(怛)은 '슬프다'는 뜻을 지니며 곧 "슬퍼하지 말라"는 의미입니다. 그는 다석 유영모 선생에 대해 쓴 글에 이어 '무달'이라는 제목으로 "주께서 과부를 보시고 불쌍히 여기사 울지 말라 하시고"(눅 7:13)라는 구절을 본문 삼아 설교한 바 있습니다. 그는 장사(壯士)의 눈에서 눈물을 뽑아내고 영웅의 기를 꺾는 것이 곧 배고픔과 헐벗음, 핍박 같은 '궁(窮)'이라고 보았습니다. 일제 치하 36년간 우리 민족이 겪은 그 숱한 눈물과 슬픔을 깊이 통감하면서도, 예수께서 예루살렘을 위하여 울고, 나사로를 위하여 울고, 온 인류를 위하여 겟세마네 동산에서 우셨던 것처럼 "오직 자기 자신만을 위한 슬픔에 빠지지 말고 온 나라와 민족, 온 세계를 위해 거룩한 눈물을 흘려야 한다"고 역설했습니다.

셋째, 복음과 전통의 융합을 시도한 '토착화 신학'입니다. 그는 77세 생일을 맞아 자신의 신앙 40년을 회고하면서, 자신의 사상은 복음주의적 바탕 위에 한학(漢學)을 통해 얻은 유교의 풍성한 지식과 사상을 기독교 사상과 접목시키려고 시도했다고 했는데 이는 서양의 기독교를 한국의 전통적 토양에 뿌리내리게 하려 했던, 한국 감리교회 신학의 특징인 '토착화 신학'의 노력이라 할 수 있습니다.

8. 맺는말

김진호 목사의 영성과 목회, 그리고 애국·애족 교육을 학문적으로 분석하고 그가 일생토록 추구했던 지향점을 찾아 교훈으로 삼는 일은 역사적으로 매우 중요한 의미를 지닙니다. 목회자이자 교육자로, 그리고 기독교 영성가이자 애국지사로, 그리고 문필가로 살아온 그의 여정을 살펴보면, 성령의 인도하심에 얼마나 예민하게 반응하며 신실하게 순종했는지 깊이 깨닫게 됩니다. 오늘날의 기독교인들은 신앙의 가치를 생명보다 중히 여겼던 초기 기독교인들의 치열한 삶과 가르침 속에서, 잃어버린 영성을 회복할 진정한 영적 진리를 다시 찾아 나서야 합니다.

그는 영혼 구원과 민족의 독립, 그리고 사회 구조의 변화를 열망

했던 '토착 기독교 영성'의 본질을 발견하고 이를 뿌리내리게 하고자 뼈를 깎는 수고를 아끼지 않았습니다. 그는 유교 교육을 받은 목회자로서 민족의 아픔을 외면하지 않은 '기독교 민족주의자'였고, 기독교 교육을 통해 자유, 평등, 정의라는 성서적 이념이 실현되는 사회를 건설하고자 한 '개혁적 교육가'였습니다. 또한 청빈(淸貧)과 절개(節槪)라는 유교적 선비 정신과 성화(聖化)된 사랑의 개혁적 웨슬리 정신으로 무장한 참된 목자였습니다.

특히 그는 유교적 가치를 기독교 신학에 훌륭하게 접목한 기독교 2세대 지도자로서, 부모를 위해 목숨을 바치는 전통적인 효(孝) 사상을 사회와 국가, 나아가 인류를 위한 헌신과 희생으로 숭고하게 승화시켰습니다. 유교적 개혁 사상이 상실된 시대에 기독교의 성화(聖化) 영성으로 한국인의 정신과 사회를 일깨우려 했던 그의 영성은, 암흑 같은 시대에 민족과 나라를 살리는 시대적 소망이었음을 알 수 있습니다.

암울했던 구한말, 예수 그리스도를 영접하고 뼈저린 회심의 영적 체험을 한 김진호 목사는 참된 목자장이신 예수님의 사랑과 자비를 몸소 실천하는 목자였고, 사도 바울처럼 복음 전파를 위해 자신의 입신양명을 과감히 내던진 헌신자였습니다. 나아가 민족의 앞날을 짊어질 학생들에게 굳건한 민족의식과 독립 사상을 고취시켰고, 영성적 체험을 삶의 중심 가치로 삼고 살아간 실천가였습니다.

그의 목회 사역 안에서 교육과 목회, 이론과 실천, 종교와 문화, 학문과 신앙, 진보와 보수, 전통과 개혁이라는 두 축은 갈등과 충돌의 상극(相剋)의 요인이 아니었습니다. 오히려 서로를 보완하며 조화롭게 공존하는 상생(相生)의 요인으로 작용했습니다. 그는 목회자로서 기독교를 통한 개화와 근대화를 적극적으로 수용하면서도, 한국의 전통 철학과 문화유산을 결코 가볍게 여기거나 폐기하지 않았습니다. 요컨대 애산 김진호 목사는 본질과 진리에서 지켜야 할 것은 철저히 고수하되, 비본질적이고 생산성 없는 부분은 가차 없이 버릴 줄 알았던 균형 잡힌 '개혁적 보수주의자'라고 평가할 수 있습니다.

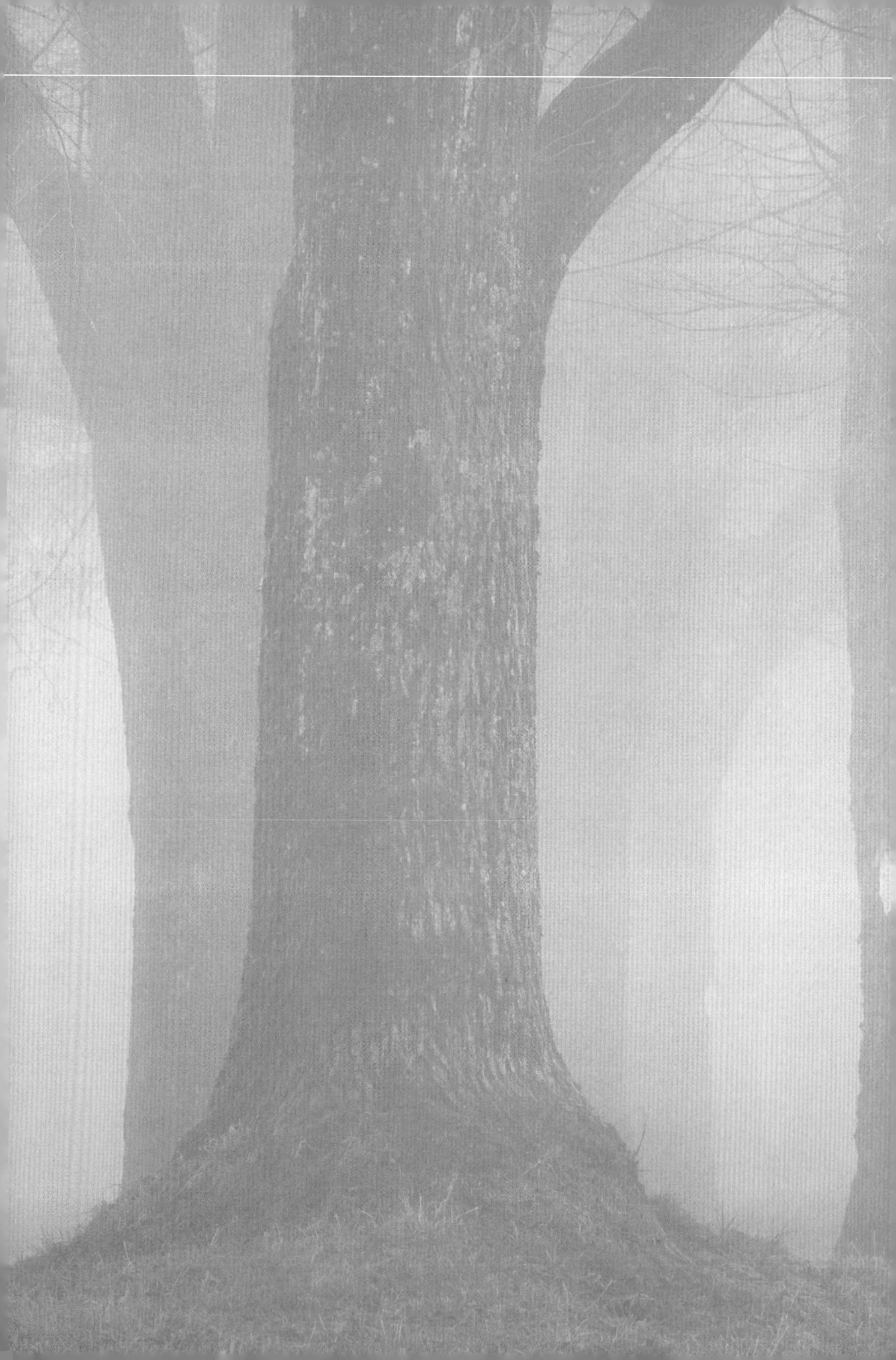

"나환자들의 아버지", 오방(五放) 최흥종 목사의 영성 이야기

"나환자들의 아버지", 오방(五放) 최흥종 목사의 영성 이야기

1. 시작하는 말

외래 종교인 기독교가 해방 이후 한국 사회의 주류 종교로 자리 잡게 된 배경에는 여러 요인이 있습니다. 특히 주목할 점은, 기독교가 구한말과 일제강점기를 거치는 동안 한국의 민족주의와 상충하지 않고 오히려 상호작용을 하며 사회에 깊이 뿌리를 내렸고, 해방 이후 국가 형성에 크게 기여했다는 사실입니다.

그 중심에는 일제의 강압적인 식민 지배에 전면적으로 항거한 '3·1운동'이 있습니다. 1919년 3월 1일, 서울 파고다 공원과 태화관, 그리고 전국의 9개 지역에서 독립선언서가 선포되며 시작된 이 운동은 국내는 물론 만주, 연해주 등으로 확대된 민족적 항일 독립운동이었습니다. 약 2개월에 걸쳐 전 인구의 10%에 달하는 200만 명 이상이 만세 운동에 가담했고, 전국 218개 부·군 가운데 212개 지역에서 1,491건의 시위가 일어났습니다.

오방(五放) 최흥종(崔興宗, 1880~1966) 목사는 일제의 강압 통치에 맨몸으로 항거하여 독립만세운동에 참여하였고, 사회적으로 가장 소외되고 멸시받던 나환자(한센인)들을 위해 일생을 헌신과 섬김으로 살아온 실천 영성가입니다. 그는 민족운동, 사회·노동운동, 빈민 선교에 자신의 모든 것을 던진 호남 영성의 대표적 인물입니다.

그는 1912년 나환자촌 건립을 위해 부모님에게 물려받은 땅을 기증했고, 1932년 한국나환자근절협회를 창설했습니다. 이듬해에는 수백 명의 나환자를 이끌고 광주에서 경성까지 도보로 행진하여 일본 총독을 만나 소록도 나병 재활시설 확장에 대한 확답을 받아냈습니다. 또한 농촌 지도자 양성을 위한 삼애학원(1948), 음성 나환자 갱생을 위한 호혜원(1956), 폐결핵 환자 요양을 위한 송등원(1958) 등을 설립하며 평생 '가장 낮은 자와 함께하는 삶'을 일관되게 실천했습니다.

최흥종 목사의 삶은 민족의 고난과 그 궤를 함께했습니다. 1919년 3·1운동에 참여했다가 일경에 체포되어 1년 4개월의 옥고를 치른 후에도 1920년 광주 YMCA 창설에 중심적 역할을 하며 민족을 깨우는 일에 앞장섰습니다. 일제에 농토를 빼앗기고 떠도는 유랑 동포들을 위해 1922년과 1927년 두 차례나 시베리아 선교를 다녀왔으며, 1927년에는 신간회 광주 지회장을 맡아 굳건한 항일의 뜻을 펼쳤습니다.

그러나 1935년, 기독교 교단들의 신사참배 결의에 절망한 나머지 신문에 스스로 '사망을 알리는 부고'를 내고 광주 무등산으로 깊이 은거하며 기이한 삶을 살았습니다. 하지만 세상을 등진 듯 보였으나 그의 신망은

2022년 5월16일 개관한 오방 최흥종 기념관

여전하여, 1945년 해방 직후에는 조선건국준비위원회 전남 지회장으로 추대되기도 했습니다.

그렇게 평생을 나환자와 빈민, 그리고 나라를 위해 바치다 주님의 품에 안긴 지 오랜 세월이 지난 2022년 5월 16일, 광주광역시 남구 양림동에 최흥종 목사의 업적을 기리는 '오방 최흥종 기념관'이 문을 열게 되었습니다. 늦게나마 후손들에게 그의 숭고한 정신과 역사적 자료를 온전히 보여줄 수 있는 공간이 마련되어 매우 다행스럽게 생각합니다.

2. 성장 과정과 극적인 회심

최흥종 목사

최흥종 목사의 본명은 최영종(崔泳琮), 본관은 탐진(耽津)입니다. 훗날 스스로 지은 호 '오방(五放)'은 다섯 가지 욕심을 놓아버렸다는 뜻으로, 가정의 일, 사회적 체면, 정치적 활동, 경제적 이익, 종파적 활동 등 어떠한 것에도 매이지 않고 오직 주님께만 매인 인생을 살겠노라는 뜻을 담고 있습니다. "지상의 일에서 떠나 오직 하나님 속에서 자유롭게 살겠다."라고 선언한 것입니다.

그는 1880년(고종 17년) 5월 2일, 전라남도 광주부 광주군 광주면 수기옥정에서 아버지 최학신과 어머니 국씨 사이의 차남으로 태어났습니다. (원래 손위로 형이 하나 있었는데 어릴 때 요절했으므로 통상 장남으로 불립니다.) 5세 때 어머니를 여의고 계모 밑에서 자라다 17세 때 부친마저 세상을 떠나자, 졸지에 고립무원의 처지가 되어 계모와 이복 동생들의 생계를 책임지는 가장이 되었습니다. 다행히 부친이 남긴 재산이 어느 정도 있어서 생계를 꾸려나가는 데 도움이 되었습니다. 이후 1896년 아내 강명환을 만나 결혼하였으며, 1966년 5월 14일 이 땅 위에서 하나님과의 동행을 마치고 하나님의 품에 안겼습니다.

구한말 외세의 침탈로 국운이 풍전등화 같던 시절, 미래에 대한 희망을 잃은 최흥종 목사는 23세 무렵까지 장터의 유명한 싸움꾼으로 지냈습니다. '철 주먹(무쇠 주먹)'이라는 별명으로 불리며 광주 장날 마다 상인들에게 돈을 빼앗고 행패를 부리는 건달패의 우두머리였습니다.

그러던 1905년, 전남 경무청 순검으로 근무하던 그는 의외의 면모를 보입니다. 의병장 안규홍의 부하 12명을 화순에서 압송하던 중 몰래 풀어줬고, 순창에서 총살형을 당할 예정이던 의병 6명을 감옥에서 풀어줬으며, 의병장 백낙구, 이백래, 임창모 등이 수감되었을 때 따뜻하게 돌봐주었습니다. 또 의병장 채기문을 체포하라는 명령을 받자 미리 그에게 알려줘 도망치게 했으며, 보성의 의병장 임창모의 부하 10여 명도 계책을 세워 풀어준 뒤 순검 자리에서 물러났습니다.

이후 친구 김윤수의 전도로 미국 남장로교의 유진 벨(Eugene Bell) 선교사를 만나 1907년 세례를 받은 후 예수 그리스도를 영접하고, 이름을 영종에서 '흥종(興宗)'으로 개명합니다. 젊은 시절의 난폭함을 기억하던 주위 사람들은 그의 변화를 반신반의했으나, 그는 김윤수와 함께 1912년 광주 북문안교회의 초대 장로가 될 만큼 철저히 새 사람으로 거듭났습니다. 젊은 시절 난폭한 깡패로 알려졌던 그가 예수 그리스도를 영접한 후 새사람이 되었고, 교회의 일꾼이 되었다는 것은 참으로 놀라운 일이 아닐 수 없습니다.

그가 결정적으로 변화된 계기는 1909년에 찾아왔습니다. 장흥 지역에서 선교 활동을 하다 급성 폐렴에 걸린 오웬(Clement C. Owen) 선교사가 치료를 위해 광주 제중원으로 이송 중이었습니다. 이에 목포에서 급히 광주로 오던 포사이트(W. H. Forsythe) 선교사를 최흥종과 김윤수가 함께 영산포에서 광주읍으로 들어오는 중간 정착지 효천으로 마중 나가게 되었습니다. 효천에서 광주로 오는 도중 산비탈 아래에서 추위에 떨고 있는 나환자를 발견한 포사이트 선교사는 주저 없이 자신이 타고 온 나귀에서 내려 환자를 태우고 자신의 털 외투를 벗어 입혔습니다. 그리고 자신은 나귀 고삐를 쥔 채 광주까지 걸어 들어왔습니다.

이 충격적인 희생적 사랑을 목격한 최흥종 목사는 큰 감동을 받았고, 그것이 그의 신앙생활에 있어 새로운 전환점이 되었습니다. 이 나환자는 광주기독병원 맞은편 주차장 인근에 있었던 벽돌 가마 터에 격리하여 치료했으나 2주 만에 사망하고 말았습니다. 이를 계기로 그는 윌슨 선교사와 함께 나환자 치료에 헌신하기 시작했으며, 1912년에는 부모로부터 물려받은 광주면 봉선리의 땅 1,000평을 기증해 광주 나환자병원과 나환자병원교회 설립의 초석을 놓았습니다. 하지만 지역 주민들의 항의가 빗발쳐 1926년에 이 시설과 교회는 이전하여 현재 여수 애양원의 모체가 됩니다.

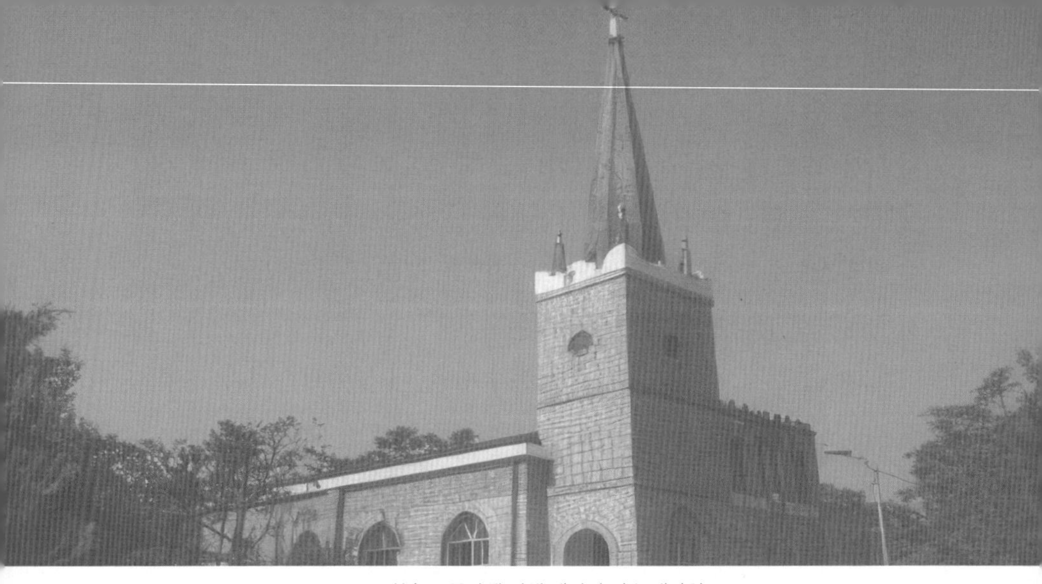

최흥종 목사에 의해 세워진 여수 애양원

이후 최흥종 목사는 1920년 노동공제회 일에 투신하며 사회운동에 힘썼고, 1924년 광주 YMCA 제3대 회장에 취임하여 조선기독교청년연합 전국연합회의 인준을 받았습니다. 아울러 금정교회(현 광주제일교회)의 담임목사로 부임하여 영적 지도력을 발휘했습니다. 1927년에는 신간회 전남 지회장을 맡아 좌우 합작을 통한 독립운동에도 적극 참여했습니다.

그의 헌신은 점차 가장 소외된 자들을 향했습니다. 1932년 '한국나환자근절협회'를 창설한 그는 이듬해인 1933년, 150여 명의 나환자를 이끌고 광주를 출발해 경성 조선총독부까지 행진하는 이른바 '구라(救癩) 행진'을 감행했습니다. 행진 소식을 들은 전국 각지의 나환자들이 합류하며 그 수는 400여 명으로 불어났습니다. 이들이 조선총독부 뜰에 진입하자, 나병 전염을 두려워한 경찰과 경비원들은 이들을 막지도 못한 채 달아나기 바빴습니다. 결국 우가키 가즈시게(宇垣一成) 총독은 최흥종 목사를 집무실로 불러 요구사항을 들었고,

'소록도 나환자 수용 시설을 대폭 확충하고, 치료를 받은 환자들의 갱생을 지원한다'는 약속을 받아냈습니다.

1935년, 최흥종 목사는 자신의 아호를 '오방(五放)'으로 정했습니다. 이는 가정의 일, 사회적 체면, 정치적 활동, 경제적 이익, 종파적 활동 등 다섯 가지 욕심을 모두 내려놓고 오직 주님께만 매인 인생을 살겠다는 결단의 표현이었습니다. 아호를 정한 뒤 그는 신문 지상에 충격적인 자신의 '사망 통지서(부고)'를 내고 세상의 명예를 완전히 등졌습니다. 이후 스스로 움막을 치고 고아와 거지, 부랑인들과 동고동락하며 본인이 직접 만든 손수레에서 기거하는 기이한 구도자의 삶을 살았습니다.

해방 후에도 격변의 시대 속에서 건국준비위원회 전남 위원장, 미군정 고문회 전남 회장 등을 맡아 민족이 나아갈 길을 걱정하며 힘을 보탰습니다. 광주 무등산 자락에 '삼애학원'을 설립하여 우리의 땅과 우리 민족 그리고 무엇보다 하나님을 사랑하는 농민 지도자 양성에 매진했으며, 떠돌던 나환자들을 모아 나주시 남평면에 '호혜원'을 세워 그들의 성착을 도왔습니다. 나아가 1958년 무의탁 폐결핵 환자 수용 시설인 '송등원'을, 1962년에는 고허번(Dr. H. A. Codington) 의료 선교사의 도움을 받아 결핵 환자 요양원인 '무등원'을 설립했습니다.

오방 최흥종 목사의 이러한 삶은 하나님께 받은 사랑과 은혜에 대한 자연스러운 반응이었습니다. 포사이드, 서서평, 고허번 등 미국 남장로교 선교사들의 헌신적인 삶을 곁에서 지켜보며, 그 역시 기꺼이 같은 길을 걸어간 아름다운 결실이었습니다. 백범 김구 선생이 최

홍종을 일컬어 "화광동진(和光同塵, 자기의 지혜와 덕을 감추고 세속의 사람
들과 어울림)의 삶을 살아낸 선각자"라고 극찬한 것 역시, 그가 평생 흔
들림 없이 걸어온 숭고한 삶의 열매를 알아보았기 때문입니다.

3. 신학 훈련과 혹독한 시베리아 선교

최흥종 목사는 1915년에 평양신학교에 입학하고, 1917년부터는
북문밖교회(현 광주중앙교회)의 출발지인 기도처의 전도사 일을 보았
습니다. 1921년 평양신학교를 졸업하자 그는 바로 북문밖교회의 초
대 목사로 부임합니다. 6년간의 신학 훈련 과정은 하나님 앞에 부름
받은 소명자로 더욱 강하게 결단하는 계기가 되었고, 끊임없이 도전
해야 하는 목회자로서 사명감과 훗날 전개될 방대한 사회 운동에 신
학적 배경을 제공하는 토대가 되었습니다.

1922년 겨울, 그는 나라를 잃고 동토 시베리아로 이주한 동포들
을 위로하고 복음을 전하고자 자원하여 선교사로 떠납니다. 당시는
수많은 한국 독립군이 참살당한 이른바 '자유시 참변(흑하 사변)' 직후
라 분위기가 매우 흉흉했습니다. 니콜리스크(현 우수리스크) 일대에서
선교 활동을 펼치던 그는 결국 소련 당국에 의해 1년 만에 추방당해
귀국하게 되었습니다.

귀국 후 1924년 광주금정교회에서 양림교회가 분립되자 같은
해 9월 30일부터 1925년 11월 28일까지 광주금정교회(현 광주제일교
회)의 담임목사로 시무하던 그는, 1927년 다시 제2차 시베리아 선교

74

를 자원합니다. 그곳에서 복음 전파와 독립운동을 병행하다 일본 경찰에 체포되어 사형 선고까지 받았으나, 극적으로 독립군에 의해 구출되었습니다. 결국 그는 일본 경찰에 쫓기는 몸이 되어 귀국해야만 했습니다. 이처럼 그는 언제 어디서나 영혼 구령과 민족 사랑 그리고 조국 독립을 한시도 잊어본 적이 없는 애국자이자 하나님의 신실한 종이었습니다.

그가 흔들림 없이 선교와 봉사 섬김의 활동을 할 수 있었던 원동력은 강력한 성령의 체험과 회심을 통한 거듭남입니다. 이것은 인간의 의지나 노력으로 가능한 것이 아니라 하나님의 전적인 개입과 성령의 활동이라야 가능한 것입니다.

4. 복음주의적 구국 민족운동과 사회운동

국채보상운동과 3·1 독립운동

최흥종 목사는 1906년 김윤수의 전도로 처음 교회에 출석하게 되었고 양심의 가책을 느끼는 순검 생활을 청산할 기회를 찾고 있었습니다. 조선이 일제에 진 나랏빚 1,300만 원을 갚자는 국채보상운동이 전개될 때, 광주에도 홍대영 등 5인의 발기로 국채 보상 의무소가 설립됩니다. 그리고 국채보상운동이 전남 지역 전체로 확산되어 가는 중에 순검으로 재직하던 최흥종 목사는 일본 경무청 고문관 시도하라(佑土原)로부터 '국채보상의무소 간판을 떼어오고 주동자들을 체포하라'는 명령을 받습니다. 하지만 그는 순검 일을 사직하고 정반대로 국채보상운동에 참여하여 당시 40전을 의연(義捐)할 정도로 적극적으로 국채보상운동에 참여하게 됩니다. 이 활동이 최흥종 목사의 첫 민족운동이라고 할 수 있습니다.

3·1운동이 일어났던 1919년 2월 말, 당시 경성의 기독신보 편집장이던 김필수가 방문해 "고종황제의 국장(國葬) 일을 기회로 3월 1일 독립 만세 운동을 일으킬 것이니 광주에서 만세 운동에 책임을 맡아 달라"는 요청을 받은 최흥종 목사는 이를 바로 승낙합니다. 그는 몇몇 청년들을 만나 3·1 만세 시위 광주 모임에 관한 협의를 마친후, 3월 5일 남대문 역(현 서울역)에서 인력거를 타고 미리 준비한 대한독립(大韓獨立)이라고 쓴 깃발을 들고 민족자결주의에 대한 연설을 시작합니다. "지금 세계는 보편적 정의와 인도주의에 기초한 민족자결주의…"라고 말했을 때 벌써 독립 만세 함성이 울려 퍼지기 시작했습니다. 최흥종 목사는 바로 연설을 중단하고 만세 시위대의 선두에 서서 '대한독립 만세!'를 외치며 대한문(大漢門)까지 행진합니다. 이후 그는 일본 경찰에 체포되어 서대문형무소에 수감되었고 당시 보안법 위반 혐의로 재판에 회부되어 경성복심법원에서 징역 1년 형을 선고받게 됩니다.

신간회 활동과 교육 운동

1926년 민족주의 진영과 사회주의 진영이 연대와 협동의 필요성을 공감하고 함께 항일운동을 전개할 것을 다짐하면서 항일 단체 '신간회'가 결성됩니다. 그해 10월 14일 광주 지역에서도 민족주의와 사회주의 운동 지도자들이 모여 최흥종 목사를 임시의장으로 신간회 광주지회 설립준비위원회를 구성하고 10월 29일 창립총회를 통해 그를 광주지회 초대 지회장으로 선출했습니다.

그는 3·1운동으로 서대문형무소에 갇혀 있는 동안에도 나라와 민족을 위해 기도하며 '조선의 미래가 젊은이들에게 달려 있고, 조선의 미래를 책임질 청년을 일깨우겠다'는 다짐과 각오를 하고 출소 후 북문밖교회로 돌아와 나라의 독립을 위한 청년 운동을 전개해 나갔습니다. 먼저 광주 YMCA 설립에 주도적인 역할을 감당하였는데 그것은 기독교적 사상에 기초해서 청년들을 일깨워 한국의 미래를 책임질 인재로 세우고자 하는 그의 신념을 실행한 것이었습니다.

최흥종 목사는 북문밖교회의 초대 담임 목회자로 사역하면서 청년들을 중심으로 광주 YMCA를 조직하고, 초대 회장에 이어 3대, 5대, 8대, 10대 회장을 역임하면서 활동합니다. 당시 북문밖교회는 광주에서 일어나는 모든 사회계몽 운동과 일제에 대한 민중 저항운동의 일을 의논하는 사랑방이 되었습니다. 그는 광주 YMCA, 광주노동공제회, 그리고 광주청년회까지 청년 활동 기관들의 설립에 기여하며 청년 활동을 이끌었습니다.

한편 그는 교육기관을 직접 설립하거나 교육 관련 단체 지도자로 활동하며 교육 활동에도 남다른 관심과 열정을 보였습니다. 그가 직접 설립하여 운영한 교육기관은 1921년 동아일보 광주지국의 자선음악회 기부금으로 개원한 '광주유치원'이 있고, 다음으로 1921년 10월 '광주여자야학'을 북문밖교회 안에 설립해 부녀자 문맹 퇴치를 위한 교육의 장을 만들었습니다. 마지막으로 1948년 3월 의제 허백련과 함께 '삼애학원'을 설립하는데, 설립 목적은 '하나님과 이웃과

이 땅을 사랑하는 참된 농촌 지도자를 양성하는 것'으로 교장은 최흥종, 부교장은 허백련이 맡았습니다.

5. 사회적 약자들을 향한 멈추지 않는 사랑

마약 퇴치 운동을 통한 이웃 사랑

일제강점기 조선 사회는 술과 담배로 허송세월하거나 주색잡기에 빠져 패배주의적인 삶을 사는 사람들이 많았습니다. 여기에다 일제는 공창제도와 함께 아편까지 보급합니다. 일제는 아편을 의료용 혹은 군사용이라는 구실로 합법적인 재배를 위하여 아편 재배량을 발표하고 1919년에 12,140,569㎡의 재배지를 확보합니다. 이렇게 생산된 마약을 일제는 병원과 전쟁터로 보내기는 했지만 밀매가 성행하여 당시 사회는 술, 담배, 성매매, 아편 등이 만연하게 되었고 젊은이들이 향락 문화에 오염돼 가정과 사회가 파괴되었으며 젊은이들의 영혼이 병들어 가고 있었습니다. 당시 신문 보도에 따르면 아편 중독이 되면 도덕도 양심도 없어지고 주사만 맞겠다는 생각 때문에 부모와 처자도 눈에 들어오지 않는다면서 아편 중독의 세 가지 피해를 다음과 같이 소개하기도 합니다. '첫째로 신체가 파멸되어 생명을 잃게 되고, 둘째로 가산을 탕진하므로 가정이 파괴되어 부모와 처자가 유리걸식하게 되며, 마지막으로 사회 존재의 근본을 위태롭게 한다.'

최흥종 목사는 술과 담배로 인한 피해보다 더 심각한 것이 아편에 중독되는 것이라고 보았습니다. 특히 청년들이 중독되면 그 피해의 심각성이 매우 크다는 것을 간파합니다. 한시도 지체할 수 없다고 생각한 그는 당시 광주 제중병원 간호과장이었던 의료 선교사 쉐핑(Elisabeth J. Shepping, 서서평)과 함께 군중 집회와 거리 전단 살포 등을 통해 술, 담배, 성매매, 마약 퇴치 운동을 전개합니다. 이어 1921년 6월 16일 최흥종 목사는 친히 발기인이 되어 광주 YMCA 청년들과 함께 전국 최초로 '아편 방독회'를 조직하여 마약 퇴치 운동에 앞장섰습니다.

나환자와 결핵 환자의 아버지

최흥종 목사의 헌신적인 사회봉사는, 길가에 쓰러진 나환자를 지극정성으로 돌보던 포사이드 선교사의 모습에서 깊은 감명을 받으면서 시작됩니다. 이 잊을 수 없는 장면은 그가 평생을 나환자 구호에 투신하게 된 결정적 계기가 되었습니다.

1931년 7월, 최흥종 목사는 지병으로 제주 모슬포교회의 담임목사직을 내려놓고, 그해 9월 '조선나병환자구제회(이후 조선나병환자근절연구회로 개편)'를 설립합니다. 그의 이러한 민간 주도 구호 사업에 자극받은 조선총독부는, 결국 이를 관 주도 사업으로 전환하여 '조선나병예방협회'를 조직하고 소록도를 확장해 나환자들의 정착과 치료를 돕겠다고 나서게 됩니다.

최흥종 목사는 제중병원 윌슨 원장의 적극적인 지원을 비롯해 안재홍, 최원순, 중국 상해의 거부 손창식(孫昌植), 그리고 중앙교회 신도들의 재정적 후원을 이끌어냈습니다. 이를 바탕으로 본인이 직접 기증한 광주 봉선리 땅에 수용소를 세워 500여 명의 나환자를 품었습니다. 봉선리 수용소가 곧 포화 상태에 이르자, 광주 양림동 미국인 선교사 묘지 곁에 제2수용소를 건립했습니다. 남성 환자 500명은 봉선리에, 여성 환자 500명은 양림동에 분리 수용하였으며, 최흥종 자신도 남성 수용소에 직접 기거하며 그들을 돌보았습니다. 남녀를 불문하고 나환자들은 그를 진심을 다해 '아버지'라 불렀습니다.

해방 후인 1948년, 최흥종 목사는 전남 나주시 남평면에 음성 나환자(한센병) 자활촌인 '호혜원(互惠院)'을 세워 그들이 스스로 일어설 수 있는 자립의 길을 열어주었습니다. 이어 1958년에는 6·25 전쟁의 여파로 폐결핵 환자가 속출하자 무등산 자락에 '송등원(松燈院)'을 세워 치료와 요양을 도왔습니다. 또한, '무등원(無等院)' 교회를 세워 환자들에게 성경과 노자의 '도덕경'을 함께 가르치며 영적, 육체적 치유를 아우르는 깊은 사랑을 실천했습니다.

6. 맺는말

1966년 2월, 최흥종 목사는 전국 교회에 보내는 엄중한 경고문을 끝으로 절필(絶筆)을 선언했습니다. 이 마지막 글에는 예수의 삶을 따르지 않은 채 명목상으로만 존재하는 당시 기독교인들과 교회의 참담한 현실을 개탄하는 늙은 구도자의 피 끓는 외침이 담겨 있었습니다. 이 소식에 교계 전체가 큰 충격에 빠졌고, 이어 그는 2월 10일부터 무등산에 칩거하며 오직 하나님만 바라보는 34일간의 결사적인 금식 기도를 단행했습니다. 보다 못한 광주 YMCA 등 지역 기독교 지도자들이 쇠약해진 그를 강제로 광주 시내의 아들 집으로 모셨으나, 결국 그해 5월 14일 향년 86세를 일기로 주님의 품으로 떠나고 말았습니다.

나흘 뒤인 5월 18일 광주공원에서 치러진 그의 장례식은 전라남도 역사상 최초로 10만여 명의 인파가 운집한 사회장이었습니다. 그 자리에는 광주 시내의 노숙자와 걸인, 무등산에서 내려온 결핵 환자, 그리고 여수와 나주 등지에서 천 리 길을 달려온 한센병 환자들이 구름떼처럼 몰려들어 "아버지, 우리 아버지!"를 부르며 땅을 치고 오열했다고 합니다.

젊은 시절, '망치'라는 별명으로 광주 장터와 뒷골목을 주름잡던 주먹패가 예수를 만난 뒤 평생을 십자가 품에 안겨 병자와 걸인의 참된 아버지가 된 이 기적 같은 생애는, 한국 기독교 역사에 길이 남을 '실천 영성'의 결정체입니다. 최흥종 목사의 실천적 영성의 삶은 한국 교회에 시사하는 바가 매우 크다고 할 수 있습니다. 최흥종 목사는 목회사이자 선교사, 교육가, 그리고 사회 개혁가와 봉사자로서 여러 방면에서 실천적 영성을 지니고 예수 그리스도의 삶을 실천하고 전한 인물이었습니다. 스스로 은둔자의 길을 걸으면서도 시대의 아픔을 결코 외면하지 않았던 '행동하는 신앙인'이기도 했습니다. 그가 남긴 글과 삶의 자취는 몸소 체험의 현장을 기록으로 하여 남겨졌습니다. 그는 낮고 천한 삶의 자리에서 인간의 부족과 무능을 절감하면서도 하나님의 사랑을 실천하기 위해 부단히 노력하며 신행일치(信行一致)의 삶을 살고자 했습니다.

신약 시대에 예수님께서 가시는 곳마다 가난하고 병든 사람들, 사회로부터 소외되고 눌린 사람들이 모여들었습니다. 병들고 사회적으로 낮은 사람들이 있는 곳에 예수님은 늘 계셨고 병든 몸을 치료해 주시고 복음의 능력으로 천국의 소망을 품고 살게 하셨습니다. 최흥종 목사는 이러한 예수님을 닮아가려고 평생 몸부림쳤으며 복음의 실천을 몸으로 보여주며 살아갔던 인물입니다. 항상 사회적 약자의 눈물을 닦아주며 한 사람의 병자라도 외면하지 않고 새 소망을 갖고 살아가도록 위로하고 격려하는 삶, 그 자체였습니다.

해방 직후, 백범 김구 선생이 노구를 이끌고 무등산까지 직접 찾아와 혼란한 정국을 수습하기 위해 도와달라며 간곡히 요청했을 때조차 이를 정중히 사양하고 가장 낮고 천한 자들의 곁을 지켰던 오방 최흥종 목사. 개인주의와 이기주의에 물들어가는 오늘날의 한국 교회에, 앎과 삶이 일치했던 그의 신행일치(信行一致)의 발자취는 벼락같은 깨우침과 묵직한 교훈을 던져줍니다.

4. "맨발의 성자",
만교(萬敎) 최춘선 목사의 영성 이야기

1. 시작하는 말

오늘날 우리 사회는 끝 모를 경제적 위기와 불확실성 속에서 극심한 피로감과 불안에 직면해 있습니다. 돈의 위력이 인간의 정신세계를 얼마나 무섭게 지배하고 있는가를 여실히 보여주는 시대입니다. 흔히들 지금을 배금주의, 황금만능주의, 즉 '황금이 우상이 된 시대'라고 부릅니다. 물질만능주의라는 말은 물질적 가치를 가장 우선적이고 중요하게 여김으로 인간이 가져야 할 본연의 가치를 상실하고 경시하는 풍조를 뜻합니다. 물질만능주의는 물질적 조건이 부족했던 사회에서 급격히 물질적 풍요를 누리게 되었을 때 나타나는 현상입니다. 물질만능주의에 빠진 사람은 모든 것을 돈과 연관시켜 생각할 뿐만 아니라 돈이면 무엇이든 가능하다고 믿는 사람들입니다.

물질만능주의가 횡행하는 사회에서는 돈이 곧 권력이 되고, 돈 없는 자는 필연적으로 약자가 되는 불합리한 구조가 굳어집니다. 인간의 존엄성은 훼손되며, 정의나 윤리, 도덕 같은 숭고한 정신적 가치들은 무너져 내립니다. 그 빈자리는 오직 자신의 이익만을 좇는 극단적 이기주의가 채우게 됩니다. 권력을 사유화하는 부패, 노동자의 희생을 딛고 폭리를 취하는 비윤리적 경영이 득세하며 사회는 깊은 불신의 늪으로 빠져들고 맙니다.

이토록 삭막한 물질주의의 광풍 속에서, 인간다운 삶의 소중함을 회복하고 참된 행복의 길을 보여준 한 사람이 있습니다. 한국 기독교의 토착 영성가이자 '맨발의 성자', '지하철 전도의 아버지'로 불리는 만교 최춘선 목사(1920~2001)입니다.

그는 예수를 영접한 뒤, 신약성경의 세리 삭개오나 이탈리아의 성 프란치스코처럼 자신의 모든 재산을 아낌없이 이웃에게 나누어 주었습니다. 스스로 가장 가난한 자가 되어 거리와 지하철에서 맨발로 십자가 복음을 전하다 주님의 품에 안겼습니다. 한국 기독교 역사에는 이미 '화순의 성자'라 불리는 이세종 선생(1877~1942)과 그의 제자 이현필 선생(1913~1964)처럼 평생 청빈과 순결, 순명을 실천하며 자신의 전 재산을 이웃에게 나눠주고 스스로 가난을 선택하여 맨발로 전도한 영성가들이 존재합니다. 최춘선 목사 역시 그 거룩한 계보를 잇는 인물입니다.

끝없는 풍요와 사회적 명예를 좇는 이 시대에, 자신의 소유를 전적으로 포기하고 무소유의 삶을 살아간다는 것은 결코 쉬운 일이 아닙니다. 모든 기득권을 내려놓고 스스로 가난을 택하여 예수 그리스도의 삶을 처절하게 재현해 낸 성자(聖者) 최춘선 목사. 그의 삶과 영성 이야기가 황금의 우상에 갇힌 오늘날의 우리에게 어떤 울림을 주는지 깊이 다뤄보고자 합니다.

2. 출생과 성장 과정

최춘선 목사는 1920년 12월 25일, 평안북도 용천군 양광면 봉덕리에서 부친 최용대 선생의 4형제 중 둘째로 태어났습니다. 호는 만

생전의 최춘선 목사

교(萬敎)입니다. 그의 집안은 중국 북경에 아파트 3개 동을 소유할 만큼 엄청난 거부였음에도, 독립만세운동이 전국적으로 광야의 불길처럼 타오르는 때 온 가족이 독립운동에 참여해 막대한 재산을 비밀리에 독립 자금으로 헌신한 보기 드문 애국 가문이었습니다. 이러한 가풍 속에서 자란 그는 일찍이 만주로 건너가 백범 김구 선생의 무장 독립운동에 가담했습니다.

일제강점기에는 만주에서 임시정부 광복군 간부로 활동하였을 때 잔인하게 독립투사들을 잡아들이는 일본인 장교를 체포하였는데 알고 보니 그가 바로 당시 일본제국이 수립한 만주국의 일제 관동군 장교였던 박정희였습니다. 사살하려다 같은 동족이라 불쌍히 여기고 타이르고 내보내 주었는데, 그 생명의 은인도 잊은 채 나중에 박정희가 대통령이 되자 이 사실이 알려질까 봐 정보부 요원들이 늘 감시하여 매우 불편한 생활을 겪었다고 유족들이 증언하고 있습니다.

17세에 예수 그리스도를 영접하고 깊은 성령 체험을 한 후 최춘선은 인생의 방향에 큰 변화를 맞이하게 됩니다. 해방이 되자 경기도 김포에 정착한 그는 부모로부터 물려받은 자금으로 일본 와세다 대학으로 유학을 떠납니다. 5개 국어에 능통한 수재였던 그는 그곳에서 빈민 선교의 대부인 가가와 도요히코(賀川豊彦) 목사를 만나 세례를 받았고 그 영향을 받아 하나님의 사랑과 복음으로 사회적 약자들에게 온몸을 바쳐 헌신합니다. 그리고 일본의 대표적 실천 신학자인 우치무라 간조(內村鑑三)를 통해 깊은 영적인 영향을 받으며 인생의 거대한 전환점을 맞이합니다. 이때부터 그는 평생을 하나님의 사랑과 사회적 약자를 위해 온몸을 던지기로 결단합니다. 또한, 조국의 완전한 독립을 위해 독립투사들의 이름으로 전도하였고, 남북통일이 되기까지는 신발을 신지 않겠다는 결연한 각오로 눈보라 속에서도, 엄동설한 추위 속에서 맨발로 살다 간 알려지지 않은 독립투사입니다. 일제 강점기에는 임시정부 광복 제3지대 간부로 활동하였습니다. 이로 인해 독립유공자로 지정되었으나 증손자까지 4대가 학비를 지원받을수 있는 일체의 혜택을 거부하고 도장을 찍지 않았습니다. 그 이유는 보상을 받으려고 독립운동을 한것이 아니기 때문이라고 밝혔습니다. 광복 후에 백범 김구 선생과 함께 귀국하였고 김포에 정착하였습니다. 그리고 신학교에서 교육을 받고 목사가 되어 김포 그리스도의 교회에서 사역하였습니다.

오직 하나님의 사랑과 복음을 전파하는 데 헌신한 그는, 6·25 전쟁 직후 거리를 떠도는 노숙자와 거지들을 집으로 데려와 거두었고, 국가나 사회단체의 보조 없이 수많은 고아들을 길러냈습니다. 내일 먹을 쌀 한 줌조차 굶주린 이웃에게 기꺼이 내어주었고, 가족들의 생계를 걱정하는 아내를 달래며 "하나님이 다 먹이신다고 성경에 기록되어 있다"고 굳건한 믿음을 보였습니다.

당시 그가 물려받은 재산은 자가용 5대에, 하루에도 몇 번씩 옷을 갈아입을 만큼의 엄청난 부와 수십만 평의 토지였습니다. 그는 현재의 서울 강서구 송정역 인근인 김포군 송정리의 5만 평 대지 위에 그리스도의교회와 양로원, 농장, 공민학교와 양계장을 지어 운영하였습니다. 이때 북한에서 피난 온 빈민들이 살 곳을 구하면 그 땅을 무료로 분할해 나누어 주었는데 이후 마을이 형성되어 현재 서울 강서구 송정동이 되었고, 현재 송정역이 세워졌습니다. "토지를 영구히 팔지 말 것은 토지는 다 내 것임이니라. 너희는 거류민이며 동거하는 자로서 나와 함께 있느니라. 토지는 하나님의 것이라."(레 25:23-34) 이 숭고한 '희년(禧年)'의 말씀을 가슴에 새기고 가난한 자들과 나누며 살아야 한다는 원칙을 철저하게 실천한 것입니다.

가난한 자들에게 모든 것을 나누어 주고 마지막 남은 3,000평마저 불의한 자의 억울한 소송에 휘말려 빼앗기자, 그는 남은 고아 20여 명과 일곱 식구를 이끌고 떠돌이 생활을 하게 됩니다. 식구가 많아 집주인으로부터 쫓겨나 이사를 자주 다녔는데 무려 그 횟수가 서른 번도 넘었습니다. 늘 이사를 다녀야 하는 서럽고 고달픈 신세임에도 최춘선 목사는 이삿짐 차 위에서마저 무엇이 그리도 기쁜지 찬송을 부르며 기뻐했다고 합니다. 당시 자녀들이 5남매였는데 고아들과 전혀 차별을 두지 않고 공평하게 키웠습니다.

세상의 모든 기득권을 십자가 앞에 내려놓은 '맨발의 전도자'. 그는 진정 한국의 세례 요한이요, 사도 바울이었습니다. 비가 오나 눈이 오나 맨발로 지하철 객실을 오가며 천국 복음을 전하던 최춘선 목사는, 2001년 9월 8일 자신이 평생 헌신했던 지하철 객실 안에서 향년 80세를 일기로 주님의 품에 조용히 안겼습니다. 하나님께서는 세상을 향한 그의 진정성 있는 헌신을 기쁘게 받으시어, 훗날 그의 다섯 남매를 목사와 교수 등으로 훌륭하게 길러 주셨습니다.

3. 영성학적으로 본 최춘선 목사의 생애

최춘선 목사는 왜 부모로부터 물려받은 그 많은 재산을 불우한 이웃에게 나누어 주고 스스로 가난을 자청하여 맨발로 희생과 고난의 길을 걸었을까요? 그 대답은 단순하게 말하면 성경의 희년사상을 실천하였고 '성령님께 붙잡혀 그분의 인도하심에 따라 고난을 친구로 삼고 살다 간 자로 일반인들은 전혀 이해할 수 없는 인생길'이라고 말할 수 있을 것입니다.

그렇다면 기독교 영성학의 관점에서 그의 삶을 평가해 보겠습니다. 신학자 어반 홈즈(Urban Holmes)는 "영성이란 내 생활의 전부이다. 나는 실천적인 일(realities)에 관심 있는 사람이며 내 오른손, 나의 느낌, 나의 이해력 못지않게 영성도 그러한 부분에 속한다. 그것은 입맛을 돋우어 주는 일종의 식욕(an appetite)이다."라고 했습니다. 기독교 영성 형성(Christian Spiritual Formation)은 반복되고 지속되는 영성 훈련을 통해 형성된 삶의 방식이라고 볼 수 있습니다. 유재경은 "영성 형성은 성령의 역사를 경험하면서 예수 그리스도를 본받아 하나님의 형상으로 인간 존재가 변화되어 가는 과정이라고" 정의합니다. 또한 영성 신학자 댈러스 윌러드(Dallas Willard)는 "그리스도 안에서의 영성 형성은 예수 그리스도의 제자 혹은 견습생이 인간 성격의 모든 필수적인 차원에서 그리스도의 특질들(qualities)이나 특성들(characteristics)을 취하는 과정"이라고 정의합니다. 이와 같은 정의는 영성 형성의 중심에 예수 그리스도의 삶을 두면서 그리스도의 특질과 특성을 깨닫고 얻는 과정으로 정의할 수 있습니다.

또한 조안 콘(Joann Conn)은 영성 형성이 잘못 이해되고 있음을 지적하면서 다음과 같이 영성 형성을 정의합니다. 그는 영성 형성은 "우리의 일생 동안 성령의 행동, 우리의 욕망, 가장 깊은 자아를 그리스도가 하나님, 부모와의 관계, 모든 인류와 우주에 대한 관계로 바꾸는 행동"이다라고 말합니다. 이는 영성 형성의 특징인 근본적인 변화에 중점을 두고 있는 정의라고 할 수 있습니다.

이러한 기독교 영성학적 정의들에 비추어 볼 때, 최춘선 목사의 영성은 단순히 머릿속 지식이나 감정에 머무는 것이 아니라 생활의 전부이며 온몸 즉, 전신을 통해서 일어나는 영성적 삶의 자연스러운 표현이었다고 볼 수 있습니다. 그의 영성은 하나님과의 관계, 이웃과의 관계, 가족 간의 관계를 인류와 우주에 관한 관계로 보고 정직과 겸손으로 다가서는 신성한 그리스노인의 삶이라고 볼 수 있습니다. 그는 매일 새벽 깊은 영적 묵상을 통해서 주님의 뜻을 분별했고, 그 뜻을 단순히 은혜의 차원에 머물지 않고 헌신과 희생이라는 값비싼 행동으로 실천하는 진정한 영성가였습니다.

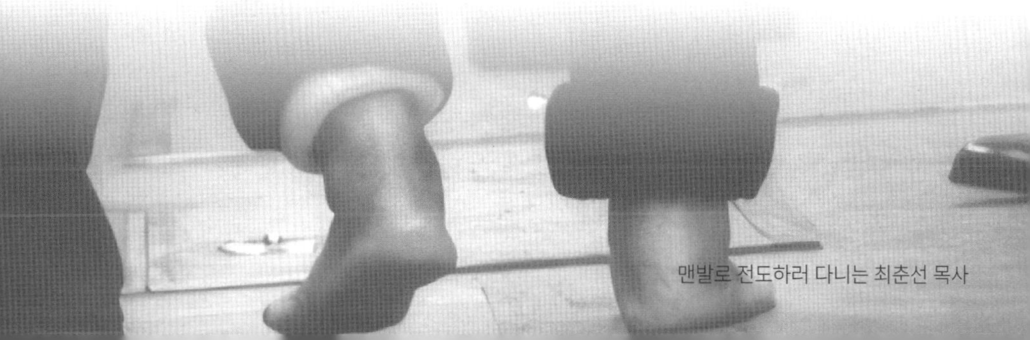

맨발로 전도하러 다니는 최춘선 목사

4. 아들의 눈에 비친 아버지 최춘선 목사

맏아들 최바울 목사는 철모르는 시절, 아버지의 이해할 수 없는 삶을 보면서 많은 갈등과 반발심을 안고 살아왔다고 고백합니다. 세상 사람들과 친구들의 조롱 섞인 시선은 어린 아들에게 너무나 큰 상처였습니다. 반항심이 극도로 생겨나자 동생들을 앉혀놓고 "우리는 아버지가 믿는 예수를 믿지 말자"고 결의하고 불신앙과 반(反) 예수 주의로 돌아섰다고 합니다. 얼마 후 자신의 잘못된 생각임을 깨닫고 회개하였으며, 아버지가 소천하신 후 한국 기독교에서 아버지에 대한 평가가 긍정적으로 회자(膾炙)되는 것을 보고, 아버지가 헛되게 살지 않으셨다는 생각에 많은 회한의 눈물을 흘렸다고 합니다. 지금도 아버지에 대한 그리움으로 눈시울을 붉히며, 피가 나는 발바닥에 깊이 박힌 유리 조각을 핀셋으로 뽑아내며 "이제 그만 나가시고 집에서 쉬시라"고 애원했지만 아버지의 전도의 열정을 말릴 수 없었다고 회상하고 있습니다. 하지만 지금 그 아들은 '아버지의 맨발'을 닮고 싶어 합니다. "부끄러웠던 맨발의 아버지가 이제는 제 인생의 자랑스러운 모델입니다."라고 고백합니다.

"기력이 다하신 아버지께서 한 번은 식사 중에 '아가, 숟가락 좀 가벼운 거 없니?'라고 하시는 거예요. '얼마나 기력이 떨어지셨으면 숟가락이 무겁다고 하실까' 하고 맘이 아팠지만 그럼에도 아버지의 전도는 쉬지 않으셨어요."

　“아버지는 내일 일은 절대로 걱정하지 않는 분이셨어요. 당장 내일 먹을 쌀이 없어도 전부 나누어 주시고, 새 옷을 사다 드리면 밖에 나갔다가 들어오실 때 다 떨어진 헌 옷으로 바꿔 입고 들어오시고, 심지어 아들에게 ‘바울아 너는 따뜻한 옷이 또 있지?’라고 하시며 제 점퍼들도 모두 나눠 주셨습니다.”

　예수님께서 제자들을 보내시면서 “두 벌 옷을 가지지 말라”(마 10:10)는 말씀을 그대로 실천하시다 보니 당시 가족들의 고생은 이루 말할 수 없었습니다. 그러나 그 후 부족했던 부분들을 때가 되면 하나님께서 항상 채워주시는 것을 눈으로 목격했습니다. 최춘선 목사는 입술로 죄를 짓지 않겠다는 결심으로 예수 그리스도 이야기 외에는 다른 이야기는 거의 하지 않아서 가족들도 그의 깊은 생각과 뜻을 잘 알지 못했다고 합니다.

　2001년, 아들 최바울 목사는 끝내 아버지의 임종을 곁에서 지키지 못했습니다. 그러나 김우현 다큐멘터리 감독이 틈틈이 카메라에 담아둔 영상 기록 덕분에, 지하철 안에서 마지막으로 손을 흔들며 떠나는 아버지의 뒷모습을 마주할 수 있었습니다. 최바울 목사는 “아버지의 임종을 지켜드리지 못했는데 영상을 통하여 마지막 손을 흔드시는 모습이 아버지의 임종 모습이었어요.”라고 아쉬움과 죄송함을 고백합니다. 이 애틋하고 거룩한 마지막 인사는 훗날 다큐멘터리 영상과 책 『가난한 자는 복이 있나니』로 발간되며 많은 이들에게 알려지게 되었습니다.

5. 무소유의 삶을 살다 간 신앙 실천가

(마 5:3)

만교 최춘선 목사는 평생토록 이 말씀에 철저히 사로잡혀, 삶의 치열한 현장에서 '행동하는 신앙'을 살아낸 참된 구도자였습니다. 그 많던 땅을 집 없는 가난한 자들에게 아낌없이 나누어 주고, 스스로 가장 가난한 자가 되어 오직 하늘의 복을 사모하며 나아갔습니다. 자녀들의 앞날마저 온전히 하나님께 의탁한 채, 나라와 민족을 위해 그리고 버림받은 이웃을 위해 자신의 남은 생을 불꽃처럼 태웠습니다.

어느 날, 버스 안에서 복음을 전하다 시끄럽다는 이유로 기사에게 떠밀려 아스팔트 바닥으로 굴러떨어진 적이 있었습니다. 골반 뼈가 부러지는 끔찍한 고통 속에서 그는 자식들 앞에서 처음으로 참았던 눈물을 쏟아냈지만, 결코 전도의 발걸음을 멈추지는 않았습니다. 굳은살이 된 두꺼운 발바닥에 날카로운 유리 조각이 박혀 붉은 피가 흘러내려도, 사람들에게 '미친 예수쟁이'라며 온갖 핍박과 조롱을 받아도, 그에게는 그 어떤 것도 자신의 십자가의 길을 막아서는 장애물이 될 수 없었습니다.

하나님의 부르심을 받은 그는, "나야말로 죄인 중의 괴수인데, 어찌 감히 거룩한 주님의 땅을 신발로 더럽힐 수 있겠는가"라며 평생을 맨발로 살았습니다. 맏아들의 결혼식 날, 아들의 간곡한 애원에 못 이겨 어쩔 수 없이 처음이자 마지막으로 구두를 신었지만, 예식이 끝나기가 무섭게 다시 신발을 벗어던지고 맨발로 거리에 나섰습니

지하철에서 전도하는 최춘선 목사

다.

"네 이웃을 네 몸과 같이 사랑하라" 하신 주님의 지상 명령을 '맨발의 헌신'으로 지켜낸 사람. 이제 그 숭고한 아버지를 조용히 닮아 가고자 하는 맏아들의 마음이 어쩌면 거룩한 욕심일지도 모르겠습니다. 그러나 아버지가 모든 것을 하나님께 의탁하고 떠났기에, 은혜로 가득했던 그 '무소유의 사랑'은 세대를 넘어 오늘날까지도 우리 곁에 이이지고 있습니다.

6. 지하철을 선교 교구로 삼았던 열정적인 전도자

1739년, 존 웨슬리(John Wesley)는 소속 교단인 영국 성공회로부터 교회에서 설교를 해서는 안 된다는 금지 처분을 받았습니다. 그러나 그는 조금도 굽히지 않고 "세계는 나의 교구다(The world is my parish)"

라는 위대한 선언과 함께 말을 타고 영국 전역을 누비며 야외 설교를 감행했습니다. 그 결과, 그 명성이 전국적으로 퍼지게 되었고 잠자던 영혼들을 깨우고 병든 영국 사회를 구원하는 놀라운 부흥의 열매를 맺었습니다.

최춘선 목사 역시 마찬가지였습니다. 번듯하게 목회할 수 있는 교회가 있었음에도, 그는 더 많은 사람들을 만나서 복음을 전할 수 있는 지하철이 훨씬 효과적인 설교 강단이라고 판단했습니다. 목회자로서의 체면도, 사람들의 조롱도 모두 십자가 뒤로 감춘 채, 그는 무려 30년이라는 세월 동안 지하철 객실과 역 대합실을 자신의 가장 거룩한 설교 강단으로 삼았습니다.

비록 겉모습은 남루하기 짝이 없었으나, 그는 지하철에서 흔히 마주치는 걸인이나 광인(狂人)이 결코 아니었습니다. 너무나도 분명한 유의미한 언어, 그리고 모범적인 행동으로 복음의 진리를 핵심적으로 전했습니다. 일반인은 이해하기 힘든 글귀가 잔뜩 적힌 종이를 온몸에 훈장처럼 두른 채, 그는 외치고 또 외쳤습니다.

"우리 하나님은 자비로우십니다! 미스 코리아 유관순! 미스터 코리아 안중근! 왜 두 개의 한국인가(Why two Korea)?"

어렵사리 몇 푼의 용돈이 생기면 빵을 사서 거지들의 허기를 달래주었고, 얼어붙은 노숙자들에게 담요를 챙겨 주었습니다. 살을 에이는 혹한의 추위 속에서도 굳은살 배인 맨발로 얼음장 같은 바닥을 딛는 모습은 세상의 상식으로는 도저히 이해할 수 없는 일이었습니

다. 오직 십자가를 향한 사명감과 끓어오르는 영혼 구령의 열정이 있었기에 가능한 30년이었습니다.

바라건대, 화려한 표면적 성장에 취해 깊은 영적 무기력증에 빠져 있는 오늘날의 많은 기독교인들이 '맨발의 성자'가 남긴 이 처절하고도 거룩한 발자취를 통해 다시 한번 심장을 찢는 영적 각성과 참된 회개의 열매를 맺게

국립현충원 애국지사 묘역에 안장

되기를 간절히 소망합니다.

7. 내세의 삶을 온몸으로 보여준
진정한 예수 그리스도의 제자

만교 최춘선 목사는 세상의 잣대로 보면 남부러울 것 없는 재력과 학력을 갖춘 인물이었습니다. 진정한 애국심으로 무장한 독립운동가였으나, 해방 이후에도 자신의 공로를 내세우기보다 겸손과 낮아짐으로 일관했습니다. 태어날 때부터 세상의 온갖 부귀영화를 쥐고 있었지만, 사도 바울이 그랬듯 그 모든 기득권을 기꺼이 '배설물'로 여기며 철저히 예수의 참된 제자로 살았습니다.

맏아들 최바울 목사는 당시를 이렇게 회고합니다.

"아버님이 독립 유공자였기 때문에 도장만 찍으면 연금이 나오고, 저희들은 대학까지 학비를 면제받을 수 있었는데 신청을 안 하셨어요. 남과 북이 아직 분단된 상태이므로 완전한 독립이 이뤄지지 않았고, 보상을 받기 위해 독립운동을 한 게 아니라는 것이 그 이유였어요."

그는 조국의 분단 현실을 누구보다 가슴 아파했으며, '남북통일이라는 완전한 독립이 이루어지기 전까지는 결단코 신발을 신지 않겠다'고 선언한 진정한 독립운동가였습니다.

그는 전도지를 만들 때도 종이 한 장을 아끼려 버려진 신문지나 달력 이면지를 주워 모았습니다. 자신이 직접 손 글씨로 문구를 적어 고깔모자를 만들어 썼고, 가슴과 등에는 허술해 보여도 깊은 의미가 담긴 전도판넬을 매달고 다녔습니다. 30년 세월 동안 자신의 집 앞과 골목 어귀에 전도지를 붙이고, 지하철을 누비며 사람들에게 전도지를 나누어 주었습니다. 나아가 통일이 되면 평양과 북경 거리에도 이 복음의 전도지를 붙이고 싶어 했던 그의 소망은 끝내 커다란 아쉬움으로 남았습니다. 그가 전도 중에 안중근 의사, 유관순 열사 등의 이름을 인용했던 것 역시, 그의 삶 전체가 십자가 복음과 조국 독립이라는 숭고한 사명으로 점철되어 있었기 때문입니다.

주님께 받은 사랑을 국가와 민족 그리고 겨레를 향한 사랑으로 승화시켰으나, 세상은 그의 독특한 전도 방식을 이해하지 못했습니다. 많은 이들이 그를 정신병자나 걸인 취급을 했고, 때로는 사람들의 시선을 끌려는 과대망상증 환자라며 조롱했습니다. 그러나 그 모든 핍박 속에서도 그는 아랑곳하지 않고 담대히 맨발로 복음을 증거했습니다. 만약 남에게 보여주기 위한 가식이었다면, 어떻게 30년이라는 기나긴 세월을 한결같이 복음을 전할 수 있었겠습니까? 참으로 그 삶은 하나님께서 허락하신 특별한 은사이자, 그가 충실히 감당해 낸 복음의 메신저의 길이었습니다.

생의 마지막 순간까지도 만교는 지하철역에서 바쁜 걸음을 재촉하는 사람들을 향해 이렇게 외쳤습니다.

*"역사상 가장 위대한 자비의 초대, 예수 그리스도 자비의 초대…
예수 십자가는 생명의 젖줄기, 평화의 젖줄기! 그래서 십자가 젖줄기 하나, 교회 하나. 교단은 여러 개로 있을지라도 교회는 오직 하나다!"*

8. 맺는말

예수님이 몸소 보여주신 복음의 본질은 과연 무엇일까요? 그것은 가난한 심령과 정결한 마음, 그리고 그 사랑을 삶의 자리에서 기꺼이 행동으로 옮기는 따뜻한 실천일 것입니다. 인간의 얄팍한 의지와 힘만으로 사랑하고 섬기려 한다면 우리는 곧 한계에 부딪힐 것입니다. 예수님의 완전한 사랑의 실천은 오직 성령님의 인도하심에 온전히 순종하고 실천할 때만 비로소 가능해집니다. 이는 단 한 번의 은혜나 깨달음으로 주어지는 것이 아닙니다. 주님의 가난하고 청결한 마음을 날마다 묵상하고, 연습하고, 쉼 없이 갈고닦는 영적 훈련이 삶 속에서 지속될 때만 가능합니다. 이것이 복음의 기본적인 원리입니다.

그렇다면 최춘선 목사는 왜 부모가 물려준 그 엄청난 부와 배경을 바탕으로 평생을 호의호식할 수 있었음에도, 과감히 그 길을 버리고 걸인과 같은 행색으로 맨발의 십자가를 졌을까요? 오늘을 사는 우리와 그의 달랐던 점은 과연 무엇일까요? 우리는 예수님의 보배로운 진리의 말씀을 대할 때조차 내게 유익한 것만 약삭빠르게 선별해 들으려 하고, 내 알량한 판단을 앞세워 행동하려 합니다. 그러나 위대한 믿음의 영성가들은 결코 말씀을 '선별'하지 않았습니다. 그들은 진리의 말씀 앞에 오직 '무조건 순종'하는 것을 신앙의 기본 원리로 삼았습니다.

예수 그리스도의 제자로서 온전히 순종하는 것이 마땅한 본분임에도, 우리는 적당히 현실과 타협하며 그 거룩한 실천을 내일로 미루는 부끄러운 자화상을 안고 살아갑니다. 그러나 하나님은 눈앞의 이익에 밝고 약삭빠른 그리스도인을 원하지 않으십니다. 오히려 세상의 눈에는 미련해 보일지라도, 믿음의 영성가들처럼 고지식하게 말씀을 믿고, 천국의 상급을 기다리며 묵묵하게 실천하는 사람들을 오늘도 찾고 계십니다.

맨발의 전도자 최춘선 목사의 실천 어록

"불편한 몸으로 힘드시지요?"라는 질문에 다음과 같이 말합니다.

"아닙니다. 난 힘들지 않습니다. 부끄러운 영혼인데 한량없는 주님의
자비로 늘 잘 살아가고 있습니다."

"하늘의 소명이 있어서 내가 해야 할 일을 하는 것이지요."

"역사상 가장 위대한 자비의 초대, 예수 그리스도의 자비의 초대."

"예수 천당, 날마다 천당."

"아주 열이 펄펄 나는 것 같은데 덥지요?"라는 질문에 다음과 같이 말합니다.

"예, 덥습니다. 뜨겁습니다." (날씨가 아니라 누가 이 애끓는 마음을 알
겠는가?)

"걱정 마세요. 이 발(맨발)은 눈이 녹고 얼음이 얼어도 끄떡없습니다.
동상에 걸린 적이 없습니다. 안심하세요."

"어허, 난 신발을 신을 수 없어. 통일이 오기 전엔 절대 안 신어."

"여러분은 하나님의 아들, 딸. 아버지가 해방시켰으니 영생, 자유, 자주,
그 사랑이 우릴 부르네."

"흠, 흠! 민영환 대감, 누가 말려요. 사명은 각각 각자입니다."

"지금 연세가 80세인데 힘들지 않으세요?"라는 질문에 다음과 같이 말합니다.

"하나님의 은혜로 만사형통."

"그저 용서해 주지 뭐, 잘 모르고 한 것이니까."

"네, 앞으로 평양에도 북경에도 도처에 (전도지를) 붙여야 할 텐데."

(할아버지 집에 붙여 놓은 찬송가 구절) "온 세상 날 버려도 주 예수 안 버려."

(전도지를 만드시며) "내 몫에 태인 십자가 내가 지고 가리이다."

"제가 스물두 살에 부름을 받아 이렇게 주님을 따르는 가운데 있지만, 그때는 너무나 불충성, 불순종에 진짜 죄인의 괴수였는데, 주님의 사랑과 자비가 한량없어서 붙들어 주시니까 날마다 감사와 기쁨으로 충만합니다."

(아내에 대한 평가) "우리 집사람은 천사요! 위대한 사람인데 나 같은 바보와 살고 있지."

"수십만 평의 땅을 가난한 자들에게 그냥 나눠주고 어떻게 그럴 수 있느냐"는 질문에 다음과 같이 말합니다.

"그건 내 돈이 아니고 하나님 돈이니까."

"기도의 응답으로, 하나님의 축복으로 세상에 부러운 사람이 없고, 무서운 사람이 없고, 보기 싫은 사람이 없고, 얼마나 감사한지요. 부러운 사람이 없는 사람은 법률 없이 일등 부자예요. 미운 사람 없는 사람은 법률 없이 일등 권세예요. 세상 왕들의 억만 배 권세예요."

"예수는 나의 힘이요."

"우리 하나님은 자비하십니다."

"미스 코리아 유관순! 미스터 코리아 안중근! Why two Korea!"

"말세에 내가 세상에 다시 올 때 믿는 자를 볼 수 있겠느냐?"

"진리는 고독해도 날로 담대합니다!"

"충성은 성령의 열매 가운데 하나요." (그가 마지막으로 남긴 말씀입니다)

최춘선 목사는 이 마지막 말을 남기고, 사명을 다 마친 채 새털처럼 가벼운 몸으로 손을 흔들며 우리의 곁을 평안히 떠났습니다.

5. "전주의 아름다운 큰 별", 방애인 선생의 실천 신앙과 영성 이야기

1. 시작하는 말

요즘 한국 기독교 매체의 기사와 광고를 보노라면, 여기저기서 '영성(靈性)'이라는 단어가 유독 자주 눈에 띕니다. 영성이라는 말을 쓰지 않으면 자칫 시대에 뒤떨어진 사람으로 취급받을까 봐 그러는 것일까요, 아니면 이 용어가 기독교와 교회 운동의 본질을 가장 온전히 담아낸다고 믿기 때문일까요? 만약 전자라면 영성 운동은 한낱 시대의 유행으로 번지다 스러지고 말겠지만, 후자라면 우리는 그 참 의미를 되살려 매우 신중하게 접근해야만 합니다.

과거 한국 교회는 경건, 성장, 성숙, 부흥, 제자, 개혁, 복음 등의 용어를 앞세워 폭발적인 성장을 이루었습니다. 그런데 유독 양적 성장보다는 '성숙'에 가까운 영성이라는 단어가 오늘날 이토록 빈번하게 쓰이는 이유는 무엇일까요? 어쩌면 거대한 물질주의와 자본주의에 대한 냉소주의 혹은 패배주의의 산물일시도 모릅니나. 아니면 코로나 19 팬데믹 같은 전대미문의 질병 위기 속에서, 교회가 마주한 위기와 무기력증을 타파하기 위한 절박한 대안일 수도 있습니다.

참된 기독교 영성은 예수 그리스도 안에서 계시되고 성령을 통해 전달되는 '삼위일체 하나님'께 궁극적인 가치를 두어야 합니다. 자기 초월의 삶을 지향하되, 반드시 교회 공동체라는 토대 위에서 십자가와 부활의 신앙으로 구현되어야만 합니다. 나아가 하나님과 이웃, 그리고 자연과 아름답게 연결되는 통합적인 관계로 나아가야 합니다.

여기, 참된 기독교 영성에 가장 합당한 삶을 살아낸 한 사람이 있습니다. 예수의 복음을 절대 진리로 받아들이고, 하나님의 말씀을 삶의 제1원칙으로 삼아 교회 중심의 실천적 신앙을 피워낸 방애인 선생입니다. 비록 스물네 살이라는 너무도 짧은 생애를 살았지만, 그는 "하나님을 사랑하고 네 이웃을 내 몸같이 사랑하라" 하신 예수님의 명령을 단순한 구호로 남기지 않았습니다. 그 가녀린 체구로 헐벗은 이웃을 온몸으로 껴안다, 갑자기 찾아온 열병으로 홀연히 주님의 품에 안겼습니다. 이제, 짧지만 영원한 불꽃으로 타올랐던 '거리의 성녀(聖女)' 방애인 선생의 숭고한 영성 이야기를 조명해 보고자 합니다.

2. 성장 과정과 영적 체험

방애인 선생

방애인 선생은 1909년, 황해도 황주군 황주읍 벽성정 51번지(현 황해북도 황주군 황주읍 벽성리)에서 부친 방중일과 모친 김중선 사이의 장녀로 태어났습니다. 조부 방흥복(方興福)은 인근에 명성이 자자한 자선가였고, 조모 정신복 씨는 초대 기독교인으로 며느리 김중선 씨와 함께 늘 새벽기도를 드리면서 방애인 선생의 정신적 지주이자 든든한 신앙의 멘토가 되어 먼 훗날 거리의 성인으로 성장해

가는 데 중요한 영적 길잡이가 되어주었습니다.

이토록 경건한 신앙의 품에서 자란 어린 방애인은 누구에게나 사랑받는 아이였습니다. 어머니 품에 안겨 유아세례를 받았고, 가정에서의 엄격하고도 따뜻한 신앙 교육 덕분에 일찍부터 훌륭한 기독교 지도자의 자질을 갖추어 나갔습니다. 경제적으로도 부족함이 없었던 그는 1917년 8세의 나이로 황주읍 양성학교에 입학해 신학문을 접하기 시작했습니다.

그의 속 깊고 순종적인 성품을 엿볼 수 있는 일화가 있습니다. 양성학교 시절, 배가 너무 아파 어쩔 수 없이 결석을 한 적이 있었습니다. 부친은 딸이 꾀병을 부린다고 오해하여 종아리에 매를 들었지만, 어린 방애인은 단 한마디의 변명도 없이 그 매를 고스란히 달게 맞았습니다. 훗날 딸이 졸업할 때까지 단 한 번의 지각이나 결석도 없었다는 사실을 알게 된 부친이, 지난날의 오해를 떠올리며 뜨거운 후회의 눈물을 흘렸다고 합니다.

1923년 양성학교를 최우수 성적으로 졸업한 방애인 선생은 평양 숭의여자고등보통학교로 진학했습니다. 그러나 1925년, 일제의 강압적인 신사참배에 반대하는 학생들의 '동맹휴학 사건'이 터지면서 일제에 의해 강제 폐교를 당하는 아픔을 겪습니다. 이후 개성의 호수돈여자고등보통학교로 전학하여 1926년 수석으로 졸업하였습니다. 내심 이화여자전문학교 진학을 꿈꿨으나 가족의 반대로 뜻을 접고, 18세라는 어린 나이에 전주 기전여학교의 교사로 부임합니다. 신학문을 접한 젊은 엘리트 여성임에도 그는 결코 우쭐대거나 교만하지 않고, 겸손과 성실로 아이들을 가르쳤습니다. 그러나 3년이라

전주 기전여학교

는 외로운 객지 생활은 어린 그에게 큰 신앙적 갈증과 고독을 안겨 주었고, 결국 사직서를 낸 뒤 전주를 떠나게 됩니다. 그때 방애인 선생은 전주서문밖교회에 출석했는데, 주일 밤 예배 시간에 눈물의 송별 인사를 드리자 일천여 명의 교인이 눈물을 흘리며 아쉬워합니다. 방애인 선생은 친구에게 "전주에 와서 별로 한 일도 없는데, 이렇듯 눈물로 아쉬워해 주시니 두렵기 짝이 없다"면서 언젠가는 다시 돌아와 성심을 다해 봉사할 결심을 합니다.

고향으로 돌아와 모교인 양성학교 교사로 근무하던 방애인 선생은, 성경 공부와 기도, 부흥회에 참석하며 영적 갈급함을 채워나갔습니다. 그러던 1930년 1월 10일, 마침내 그의 인생을 송두리째 뒤바꾸는 강력한 성령 체험을 하게 됩니다. 배은희 목사가 쓴 『방애인 소전 (小傳)』에 따르면, 그는 일기장에 이렇게 적었습니다.

"나는 처음으로 신의 음성을 들었다. '눈과 같이 깨끗하라.' 아아! 참 나의 기쁜 거룩한 생일." "나는 어디로서인지 세 번 손뼉 치는 소리를 들

112

고, 혼자 신성회에 가다. 아아! 기쁨에 넘치는 걸음이다." *(1월 11일 자)*

이 찬란한 중생(重生)의 체험을 계기로 그는 담대한 신앙인으로 완전히 거듭납니다. 하나님은 전신갑주를 입은 믿음의 군사로 변화된 그를, 다시 전주의 고아와 청소년들을 위한 십자가의 길로 부르셨습니다. 1931년 9월 1일, 기전여학교의 간곡한 요청으로 2년 만에 전주로 돌아온 방애인 선생은, 이제 온전히 성령의 인도하심에 자신의 남은 생을 내어 맡기기 시작합니다.

3. 그리스도의 제자로서 이웃을 향한 전도와 헌신

전주로 다시 돌아온 방애인 선생은 이전과는 완전히 다른 사람이 되어 있었습니다. 그는 기전여학교 학생들을 중심으로 '기전신성회(紀全信聖會)'를 조직하여 철저한 신앙 훈련을 이끌었고, 방과 후에는 교사와 학생들로 구성된 전도대를 꾸려 전주 시내 곳곳을 누볐습니다. 거리 전도 중 마주치는 고아와 걸인, 병자들을 결코 그냥 지나치는 법이 없었습니다. 다리 밑 한센병 환자의 짓무른 손을 붙잡고 눈물로 기도하거나 헐벗은 고아를 업고 숙소로 돌아가는 그의 십자가 사랑을 지켜보며, 전주 시민들은 기꺼이 그를 '거리의 성녀(聖女)'라 불렀습니다.

전주에서 첫 고아원은 1927년 12월 23일 성탄절을 앞두고 전주여자기독교청년회(YWCA, 회장 이효덕)가 사회 사업의 일환으로 시작하였습니다. "무슨 사회 사업을 하면 좋겠느냐?"는 질문에 방애인 선

전주서문교회

생이 "고아원이 필요하다"고 답하면서 결실을 본 곳이었습니다. 그렇게 회원들의 결의를 거쳐 전주서문교회(옛 이름: 전주서문밖교회, 담임 배은희 목사) 전도실에서 시작하게 됩니다. 운영비는 성탄 축하 예배에서 나온 헌금과 회원들의 월 연보로 충당했습니다. 그 후 4~5년 동안 회원들이 헌신적으로 4, 5명의 고아를 돌보았는데 시설이 낙후되고 비좁아 정식으로 사용할 집을 매입할 필요성을 느낍니다. 이에 1932년 3월, 방애인 선생은 서문밖교회 유치원에서 한 주간 뜨거운 기도회를 연 뒤, 각 교회의 교역자들을 찾아가 고아원 건축의 뜻을 알렸습니다. 『방애인 소전(小傳)』에 남겨진 그의 일기에는 당시의 벅찬 감동이 고스란히 적혀 있습니다.

"각 교회 목사님과 장로님을 찾아서 고아원 집 건축의 의견을 말하였다. 모두들 기쁨으로 찬동하여 주었다. 하나님께서 모든 사람들의 마음을 감동시켜 주심은 참으로 감사하다. 3월 10일 홍석호 선생님과 김선례 선생님과 같이 고아원 일을 위하여 밤새워 기도하였다."

114

주변의 만류와 현실적인 난관도 있었으나, 전주시로부터 기부금 모집 행위 인가를 받아낸 그는 전주서문교회 배은희 담임목사와 홍석호 선생, 김선례 선생 등 기전여학교 교사들과 함께 전주 시내 8,000여 가정을 일일이 방문하며 고아원 설립 기금 모금 운동에 나섰습니다. 마침내 성금이 모여 1932년 12월, 서문밖교회와 인접한 향락 업소와 윤락가에 있는 한옥 한 채를 매입하고 수리를 마친 후 12월 18일 성탄 축하 감사 예배를 드리고 고아원을 이전할 수 있었습니다. 방애인 선생이 다른 교사들과 함께 퇴근 후 몸이 부서질 정도로 성금을 모금하여 마련한 뜻깊고 눈물겨운 자리(현 전주시 완산구 완산동)는, 오랜 세월이 흐른 2019년에 '전주 미래유산 42호(전주 최초 고아원 터)'로 지정되어 그 숭고한 뜻을 기리고 있습니다.

배은희 목사는 다음과 같이 회고합니다.

"눈보라가 몹시 치던 어느 겨울밤 11시경 밖에서 다급히 부르는 소리가 늘렸습니다. 나가보니 온몸에 눈을 흠뻑 맞은 방애인이 어린 고아를 등에 업은 채 떨고 서 있었습니다. '이 아이가 길가에서 추위

전주 최초의 고아원과 전주여자기독청년회 회원

에 떨고 있기에 업고 왔습니다.' 그는 그 밤에 아이의 머리를 깎이고 목욕을 시켜 새 옷을 입힌 뒤 고아원까지 다시 업어다 주었습니다. 그 이후에도 고아들을 만나면 업고 왔는데, 그렇게 고아들의 수가 늘어나면 한 달에 몇 번씩 공중목욕탕에 갔습니다. 어린아이는 업고 좀 큰 아이는 스스로 걸어 앞세우고 목욕탕에 가서 때를 씻어 주었는데 고아들의 어머니 같았습니다." *(배은희 목사 저, 『방애인 소전』)*

그의 사랑은 고아에게만 머물지 않았습니다. 어느 날 길가에 사람들이 모여 정신병을 앓는 노파를 조롱하고 있었습니다. 저주를 퍼부으며 울부짖는 노파를 본 방애인 선생은, 사람들을 헤치고 들어가 눈물을 글썽이며 그 손을 잡아 일으켜 데리고 갔습니다. 노파를 잘 아는 강남필이라는 분의 집에 노파를 모신 뒤 식비를 전적으로 책임지기로 한 그는 일기에 이렇게 고백했습니다.

"불쌍한 할머니를 수남이 어머님 댁에 두고 목욕시키고 새 옷을 입히고 식비를 담당하기로 했다. 이 불쌍한 노인이 헛소리를 하면서 날뛰며 괴롭게 하니 수남이가 자기 집에서 나가라고 한다. 나는 너무도 가엾어 하나님께 깊은 눈물로 기도하였다. 그 후 그의 정신은 좀 깨끗하게 되었다. 나의 무거운 짐이로다. 그러나 주께서 맡으시니 나는 평안하다."

가장 낮고 냄새나는 이들을 등에 업고 걸었던 방애인 선생. 그가 거지 아이를 업고 가는 모습을 그린 그림은 모교인 호수돈여학교에 걸려 있습니다. 호수돈여학교에서는 그를 으레 '성녀 방애인'이라고 불렀고 그의 전기를 읽으며 수많은 후배들이 감동을 받았다고 합니다. 방애인 선생이 죽은 후에 그의 유품으로 단벌옷이 나왔는데 그의 검소한 삶을 알고, 호수돈여학교에서는 그를 본받아 검소한 생활을 하는 여학생이 많아졌다고 합니다.

4. 복음주의와 이신득의(以信得義)에 기초한 행동하는 신앙

방애인 선생은 정식으로 신학을 공부하지는 않았습니다. 그러나 신실한 할머니와 어머니의 기도 소리를 들으며 자란 경건한 가정환경, 그리고 기독교 학교인 황주읍 양성학교와 평양 숭의여자고등보통학교 그리고 호수돈여자고등보통학교에서의 기독교 교육이 그의 신앙 형성 과정에 커다란 영향을 끼쳤다고 할 수 있습니다. 특히 그가 23세의 앳된 교사 시절, 기전여학교 학생들에게 전한 설교를 보면 그 깊이와 담대함에 경탄하지 않을 수 없습니다. 일제 치하의 서슬 퍼런 시대, 그의 일기장에 남겨진 기도회 설교는 이렇습니다.

"흔히 사람은 두려워하면서 하나님은 두려워할 줄을 모릅니다. 가정에서는 아버님, 어머님, 학교에서는 교장님 선생님, 사회에서는 순사, 도지사는 두려워합니다. 그러나 그들은 우리 육신에 관한 권리자요, 우리 영혼에는 아무런 권리가 없습니다.

또는 이들은 우리의 피상적(皮相的) 행동만 보고 판정합니다. 마음속 깊이는 알지 못합니다. 피상적으로 우리를 판정하는 것은 참 웃기는 것입니다. 하나님은 그렇지 아니하십니다.

예수의 말씀을 들으시오.

너희는 오직 육신만을 죽일 수 있는 자를 두려워하지 말고, 영혼과 육신을 다 죽일 수 있는 자를 두려워하라 하였습니다. 옳습니다. 하나님은 육신을 좌우하실 권리가 있을 뿐 아니라, 영혼까지 좌우하실 권리가 있습니다. 왜 그러냐 하면 사람을 피상적으로 외모만 보시지 않고, 그 중심 곧 개인의 은밀한 곳까지 보십니다. 보시오, 요나가 니느웨 길을 피하여 다시스로 가는 배 마루 밑에 엎드려 숨었습니다. 그러나 하나님은 아시었지요. 다윗이 우리야의 아내를 취하고 그 남편을 남몰래 전쟁에 선봉대로 내세워 죽였습니다. 그러나 하나님은 아시었지요. 누가 이 하나님을 피할 수가 있으며, 그 눈을 가릴 수 있겠습니까? 이를 두려워하는 것이 곧 도덕의 근원이며, 선행과 원동력이겠습니다.

그러므로 나의 사랑하는 학생들이여!

우리는 누구를 두려워할까요? 사람을 두려워할까요? 하나님을 두려워할까요? 사람을 두려워하는 것은 눈가림뿐만 아니라 속으로는 더한층 악한 습관을 양성합니다. 사람을 한 번 두려워하면 마음과 습관도 한 번 약하여지고, 두 번 두려워하면 두 번 약하여집니다. 그러나 하나님을 두려워하는 것은 한 번 두려워하면 마음의 습관이 한 번 선하여지고, 두 번 하면 두 번 선하여집니다. 또는 육신을 죽인다 하더라도 육신은 언제나 죽어버릴 것이거니 그다지 두려워할 필요가 없습니다. 영혼은 자기의 행함에 따라서 될 것입니다. 영혼을 살릴 것입니까? 육신을 취할 것입니까? 학생들은 생각하시오.”

(설교제목: 두려움에 대한 인생의 착각(錯覺), 본문: 눅 12:4-5, 잠 23:17)

5. 지역사회에 보여준 헌신과 사랑의 봉사

1932년 여름, 전주 지역을 덮친 대홍수로 수많은 농민들이 하루 아침에 전답과 재산을 잃었습니다. 생계를 잃고 일자리를 찾아 전주 시내로 밀려든 수재민들은 다가공원(현 전주시 완산구 전주천서로 일대)의 고목 주변에 천막을 치고 비참한 피난 생활을 시작했습니다. 방애인 선생은 수십 호에 달하는 이 이재민 촌을 수시로 찾아가 위로하고 복음의 말씀으로 희망을 심어주었습니다. 얄팍한 교사의 월급마저 몽땅 털어 돈과 옷을 내어주었고, 간절한 기도로 그들의 얼어붙은 마음을 녹이고 힘을 북돋우어 주었습니다.

어느덧 찬 서리가 내리고 가혹한 초겨울 추위가 닥쳐왔습니다. 노동력이 있는 이들은 돈을 모아 토굴이나 셋방을 구해 하나눌씩 떠났지만, 도무지 갈 곳 없는 한 가족만이 첫눈이 내릴 때까지 천막을 벗어나지 못했습니다. 이를 차마 두고 볼 수 없었던 방애인 선생은 교회의 전도사를 찾아가 자신의 손목시계와 만년필을 내놓았습니다. “전도사님, 부디 이것을 팔아 다가공원 식구들이 언 몸을 녹일 셋방이라도 하나 얻어주세요.” 눈물로 부탁하는 그의 모습에 전도사 역시 왈칵 뜨거운 눈물을 쏟고 말았습니다. 교사에게 시계와 만년필은 생업에 꼭 필요한 물건이었을 뿐 아니라, 그 만년필은 호수돈여학교 졸업 당시 친척에게 받은 너무도 소중한 졸업 선물이었습니다. 그는 사랑의 실천을 위해서는 자신에게 아무리 귀한 것이라도 아낌없이 내어놓았습니다. 그는 이웃을 자기 몸같이 사랑하였습니다. 아니, 이웃을 자기 몸보다 더 사랑하였습니다. 예수님의 말씀 "네가 남에게 대접을 받고자 하는 대로 네가 먼저 남을 대접하라"(마 25:31-40)는 말씀과 "네 이웃 사랑하기를 네 몸같이 하라"는 말씀을 몸소 실천한 것입니다.

그의 헌신은 계절과 장소를 가리지 않았습니다. 무더운 한여름, 가만히 있어도 땀이 흐르는 날씨에 무거운 짐을 진 행인을 보면 그는 남녀노소를 불문하고 달려갔습니다. 말없이 짐 한 덩어리를 나누어 들고 목적지까지 동행했고, 짐수레를 끄는 이를 보면 주저 없이 등 뒤로 가 수레를 밀어주었습니다. 그리고 땀을 닦으며 "수고하고 무거운 짐 진 자들아, 다 내게로 오라. 내가 너희를 쉬게 하리라"(마 11:28) 하신 주님의 위로를 조용히 전했습니다. 무거운 짐을 진 자들이 모이는 곳마다 자연스레 방애인 선생의 이름이 불렸고, 그의 이름이 불리는 곳마다 예수님의 이야기가 자연스럽게 나왔다고 합니다.

"두 벌 옷을 가지지 말라"는 가르침 또한 그의 삶 그 자체였습니다. 그가 세상을 떠난 뒤 유품을 정리하던 어머니는 남겨진 낡은 옷가지들을 부둥켜안고 오열했습니다. "목사님 보시오. 옷이 하도 없어서 할머님이 입으시던 옷 속의 털로 안을 받친 겉옷 저고리 한 개와 햇솜을 둔 바지 한 개를 지어 보냈더니, 한 번도 입어보지도 않고 다 남에게 주었어요. 금번 제가 죽은 후에 옷이라도 찾은즉 헤어져 입지 못할 것 몇 개밖에는 없더이다." 어머니가 슬퍼할 수밖에 없었던 이유는, 방애인 선생이 주일학교를 열었던 전주 매너머 마을의 가난한 사람들 중에 그의 옷을 얻어 입지 않은 이가 없었기 때문입니다. 철 따라, 하루에도 몇 번씩 화려한 옷을 갈아입는 현대의 기독교인들에게, 낡은 단벌옷으로 남겨진 그의 십자가 사랑은 참으로 뼈아픈 부끄러움을 안겨줍니다.

6. 정결한 신앙으로 하나님께만 집중한 인생

미국의 심리학자 에이브러햄 매슬로우(Abraham H. Maslow)는 인간의 5단계 욕구 이론을 설명하며, 그 가장 밑바닥에는 식욕, 수면욕, 성욕과 같은 거스를 수 없는 생리적 욕구 자리하고 있다고 보았습니다. 생존을 위한 이 강렬한 갈망들은, 때론 평생을 구도자로 헌신하려던 수도자들조차 깊은 고뇌와 일탈에 빠뜨릴 만큼 제어하기 힘든 인간의 원초적 본성입니다. 그만큼 세속을 떠나 철저하게 독신으로 산다는 것은 쉽지 않은 일입니다.

그러나 방애인 선생은 24년이라는 짧은 생애 동안 오직 예수 그리스도 한 분만을 영적인 신랑으로 모셨습니다. 가장 젊고 찬란한 시기에 모든 인간적 욕구를 초월하여 신실한 제자로 살다 영광 중에 주님의 품에 안겼으니, 참으로 경이로운 영적 결단이 아닐 수 없습니다.

방애인 선생은 지성과 영성뿐 아니라 외모 또한 흠잡을 데 없이 아름다운 여성이었습니다. 젊고 아리따운 엘리트 교사였기에, 그의 주변에는 가만히 있어도 숱한 청혼이 빗발쳤습니다. 하나님 나라와 예수님의 계명을 위해 평생 몸을 바치기로 한 그의 굳은 결심을 알 리 없는 세상 사람들은 부모와 친구들을 동원해 끈질기게 혼인을 권했습니다. 하지만 그는 잠시의 주저함도 없이 환하게 웃으며 "시집을 가면 무엇을 하나요"라며 물리쳤고, 포기하지 않고 집착하는 이들에게는 "나는 주님께 바쳤습니다"라는 단호한 신앙 고백으로 쐐기를 박았습니다.

한번은 황주의 어느 부유한 집안에서 방 선생의 지인인 지(池) 선생을 통해 직간접적인 청혼을 넣어왔습니다. 딸이 평범한 여인의 행복을 누리길 바랐던 어머니는 간절한 마음을 담아 혼인을 권하는 편지를 보냈습니다. 이에 방애인 선생이 어머니께 보낸 답장의 일부는, 그의 꺾이지 않는 영적 서원을 고스란히 보여줍니다.

"…방학에는 못 갈 듯합니다. 못 가 뵙더라도 너무 섭섭히 생각하시지 마시고, 또한 불효한 딸을 위하시어 염려 마시옵소서. 모든 일을 하나님께서 도와주십니다. 어머님께서 혼자서 얼마나 고생하시는지 이 딸은 잘 아나이다. 지 선생이 한 편지는 잘 받아보았습니다. 어머님도 딸의 뜻을 잘 아시거니와 저는 주님을 위하여 살 수밖에 없습니다. 뿐만 아니라 애련(愛蓮)(방애인의 동생)이의 가정 문제도 저도 큰 책임이 있음은 움직일 수가 없습니다. 저의 앞길은 하나님께 맡겼으니 염려하시지 말아 주세요. 기도하는 중에 하나님의 뜻을 기다리소서. 저의 일은 집에서 너무 서두르지 마시기를 원합니다. 가정에는 조금도 뜻이 없습니다. 하나님께서 허락하시면 공부나 더 하려

고 하나이다. 잠깐 가는 세상에 하나님의 일 외에 더 귀한 것이 없습
니다. 지 선생에게도 답장하였습니다. 제가 바라옵기는 염려하지 마
시고 기도하시는 중에 깨달으실 줄 압니다. 저는 하나님께 바쳤습니
다.”

7. 전주의 아름다운 별, 하늘로 돌아가다

방애인 선생은 마치 자신의 죽음을 미리 예견이라도 한 듯, 일기
장에 이런 글을 남겼습니다.

*“1933년 4월 3일. 수일 동안 나는 병으로 고생하였다. 병중에 확
연히 깨달은 것은 두 가지다. 독신으로 병이 나더라도 선을 행하고
하나님만 의지하고 살면 외롭지 아니하다. 예수님께서도 염려하시
지 아니하시더니 과연 부자의 무덤에 들어가셨다. 그런즉 병이 나든
시 죽은 후 일이든시 염려할 것이 없음을 깨날았다.”*

예수 그리스도께 온전히 자신의 몸과 영혼을 바친 그는, 질병이
나 죽음조차 두려워하지 않는 초월적인 삶을 살았습니다. 마치 사도
바울이 죽음을 두려워하지 않고 복음을 전하다 로마에서 영광스러
운 순교를 맞이했듯, 방애인 선생의 일생 역시 예수님의 십자가 사랑
그 자체이자 하나님이 이 땅에 내려주신 눈부신 축복이었습니다. 순
결한 처녀의 몸으로 눈처럼 희고 깨끗한 성녀의 삶을 무사히 마치고,

그는 서서히 아버지의 품으로 돌아갈 준비를 하고 있었습니다.

1933년 여름 방학을 고향 황주에서 보낸 방애인 선생은, 전주로 돌아오기 전날부터 오한과 고열, 극심한 두통에 시달렸습니다. 그러나 자신을 애타게 기다리고 있을 기전여학교 학생들과 고아들을 생각하며, 8월 31일 아픈 몸을 이끌고 기차에 올랐습니다. 황주를 떠나던 날, 어머니는 전에 없던 슬픔으로 하염없이 눈물을 흘렸고, 딸 역시 흐르는 눈물을 훔치며 어머니와 작별했습니다. 마치 이생에서의 마지막 인사임을 직감이라도 한 듯 말입니다.

9월 1일, 아픈 몸으로 기전여학교 개학식에 참석한 뒤 숙소로 돌아와 쓰러진 그는, 병세가 급격히 악화되어 결국 병원에 입원하고 말았습니다. 급한 전보를 받고 황주에서 전주까지 단숨에 달려온 어머니는 병석에 누운 딸을 보며 가슴이 찢어지는 듯했습니다. "애인아, 내가 왔다." 숨을 헐떡이던 방애인은 가만히 손을 내밀어 어머니의 손을 쥐며 "어머니 오셨어요"라는 짧은 한마디만을 남겼습니다. 열이 더 오를까 염려한 어머니도 차마 말을 잇지 못하고 소리 없이 눈물만 흘리며 병수발을 들었습니다. 날마다 40도를 오르내리던 지독한 열병 끝에, 9월 16일 마침내 그는 24세의 꽃다운 나이로 조용히 눈을 감았습니다.

전주서문밖교회에서 엄수된 그의 장례식 날, 기전여학교의 제자들과 전주의 여인들은 모두 흰옷을 입고 소리 내어 울며 직접 그의 상여를 메었습니다. 수많은 전주 시민이 거리로 쏟아져 나와 '거리의 성녀'가 떠나는 마지막 길을 눈물로 배웅했습니다.

별세 직후 시신은 전주 중화산동의 화산공동묘지에 묻혔으나,

훗날 닥친 대홍수로 유골마저 유실되어 영영 찾을 수 없게 되었습니다. 현재는 전북 완주군 비봉면 소농리 산자락에 있는 전주서문교회 묘원에 빈 무덤인 가묘(假墓)만이 쓸쓸히 자리 잡고 있습니다. 그가 온갖 사랑을 쏟아부었던 전주서문교회와 기전여학교로부터 30여 킬로미터 정도 떨어진 그 묘비에는, 그의 짧고도 강렬했던 생애가 이렇게 적혀 있습니다.

"선생은 교육자요, 전주여자기독청년회의 중진이요, 고아 구호의 공적자이다."

자신의 낡은 옷가지 한 벌, 심지어 육신의 뼛조각 하나조차 이 땅에 남기지 않고 온전히 하나님께 부름받은 방애인 선생. 그의 텅 빈 무덤은 오늘날 세속의 욕망으로 가득 찬 우리에게 가장 묵직하고 거룩한 영적 울림을 전해주고 있습니다.

8. 방애인 선생의 영성적 평가

영국의 개혁주의 신학자 아더 핑크(Arthur Pink)는 영적 성숙은 삶의 외적 차원으로 평가될 뿐 아니라 내적 차원에서 평가되어야 한다고 주장하였습니다. 영적 성숙(spiritual maturity)의 정도는 신앙의 연조, 기도 시간의 길이, 봉사 활동의 정도, 행복한 기분, 신비적인 체험, 일시적 번영, 너그럽게 베푸는 삶 등의 외적 요소도 중요하지만 내적 성숙도를 보아야 한다는 것입니다. 그는 기본적인 영성 특성에 초점을 맞추어 영적 성숙도를 측정해야 한다고 주장합니다. 첫째, 영적 지식의 증가, 둘째, 영적 일에 대한 참된 기쁨, 셋째, 하나님을 깊이 사랑함, 넷째, 신앙의 강화와 확대, 다섯째 개인적인 경건의 증대 등입니다.

이러한 엄격한 잣대 앞에 방애인 선생의 영성을 평가한다는 것은 참으로 두렵고 떨리는 일입니다. 그러나 혜성처럼 나타나 스물넷의 짧은 생을 온전한 '작은 예수'의 삶으로 살다 간 그의 발자취는, 내적·외적 성숙을 완벽하게 이뤄낸 가장 고귀하고 아름다운 영성의 결정체라고 할 수 있을 것입니다.

참으로 고귀하고 아름다운 그의 삶이 한국 교회에 주는 교훈을 몇 가지로 간추려보면 다음과 같습니다.

첫째, 방애인 선생은 어린 시절부터 경건한 기독교 집안의 분위기 속에서 조모님과 모친의 체계적인 신앙 교육과 믿음의 실천을 통해 성장해 가는 가운데 영성의 탄탄한 기초가 자연스럽게 형성되었다고 볼 수 있습니다. 부모님으로부터 이어받은 온유한 성품과 순종은 장차 지역사회 봉사와 어린 제자들을 지도하는 데 있어 기초적인 영성 자원이 되었을 것으로 보입니다. (딤후 1:3-8)

둘째, 그가 전주 기전여학교를 떠나 고향 황주로 내려와 황주교회에서 겪은 영적 체험은 마치 2000년 전 마가의 다락방에 임하셨던 성령 강림과 같이 방애인 선생에게 성령 충만함으로 전신갑주를 덧입힌 것입니다. 이를 통해 비록 연약하고 가냘픈 여성의 몸이지만 어느 건장한 남자도 실천할 수 없는 일을 감당하였습니다. 하나님의 말씀에 순종하고 따르다 주님 앞에 섰을 때 커다란 상급과 주님의 큰 기쁨이 되었으리라 여겨집니다. (행 2:14-21)

셋째, 비록 24년의 짧은 생애였지만 약 6년 동안 교사로서, 그리스도의 제자로, 사랑의 실천자로 살았던 삶은 많은 후세의 그리스도인들에게 예수의 삶을 본받는 것이 어떤 것인지를 보여주었으며 진정한 그리스도인의 삶에 있어 표준이 되었다고 할 것입니다.

넷째, 오늘날 이 시대는 이기주의와 개인주의가 만연하여 분열과 갈등의 주요 원인이 되고 있으며, 타인에 대한 배려가 없고, 자신의 의를 드러내기에 익숙한 시대입니다. 어려운 이웃을 위하여 자신의 것을 아낌없이 나눠주며 사랑을 쏟아부었던 그의 삶은 이 시대 우리가 본받아야 할 소중한 영성가적 삶의 표상입니다.

다섯째, 성경적 가치관의 상실과 형식적인 믿음의 자리에 서 있는 현대 그리스도인들에게 길이요 진리이신 예수님을 의지하고 살아간 방애인 선생은 희망의 빛이 됨과 동시에 큰 위로자이자 격려자가 되리라 생각합니다.

여섯째, 오늘날 그리스도인늘은 유창한 말과 그리스도에 대한 지식은 넘쳐나고 있으나 정작 고난의 십자가 길은 외면하고 부활의 영광만 누리려는 이기적 성공지상주의에 사로잡혀 있는 경우가 많습니다. 이들에게 자신에게 주어진 십자가를 지고 묵묵히 주님을 따르는 기회가 되었으면 합니다.

미국의 영성학자 샌드라 슈나이더스(Sandra Schneiders)는 영성에 대해 말하기를 '궁극적인 가치를 향해 자기 초월과 온전한 삶을 추구하는 경험'이라고 정의하였습니다.

방애인 선생이야말로 예수 그리스도 안에 계시된 성령을 온전히 따르며, 가장 완벽한 '자기 초월'의 삶을 살아낸 참된 성녀(聖女)였습니다. 하나님을 전심으로 사랑하고 이웃을 제 몸같이 사랑하라 하신 주님의 새 계명을 묵묵히, 그리고 치열하게 실천하다 간 거룩한 성녀 방애인 선생. 그의 그 빈 무덤 앞에서 우리 모두의 굳은 심령이 다시금 새롭게 거듭나는 기회가 되기를 소망합니다.

9. 맺는말

방애인 선생이 이 땅에 머문 기간은 고작 24년에 불과했습니다. 그러나 그의 삶은 백 세를 누린 그 어떤 이의 일생보다 진하고 뜻깊었으며, 한국 교회가 영원히 기억해야 할 숨겨진 보화와도 같은 거룩한 성녀(聖女)의 발자취였습니다. 방애인 선생은 단순히 기독교라는 종교의 울타리 안에만 가두어둘 인물이 아닙니다. 인류를 위해 헌신한 나이팅게일이나 조국을 위해 목숨을 바친 유관순 열사처럼, 훗날 우리 후대들의 교과서에 당당히 기록되어야 마땅할 인물입니다.

배은희 목사는 그의 전기에서 방애인 선생을 평하길 "그는 세상을 비관하는 성자가 아니요, 세상을 낙관하는 성자였다. 그는 스승이 되려는 교만한 성자가 아니요, 형제의 발아래에 엎드려 겸손히 섬기는 성자였다. 그는 죄인에 대한 책망의 성자가 아니요, 죄인에 대한 눈물의 성자였다"고 고백하며 그와 함께 했던 전주 생활이 그의 일생에 가장 추억에 남을 사역의 역사였다고 회고하고 있습니다.

128

진정 방애인 선생의 일생은 예수님 사랑의 실천이요, 예수님의 발자취요, 예수께서 이 땅에서 사셨던 33년의 거룩한 생애를 가장 생생하게 보여준 '작은 예수'의 삶이었다고 감히 단언합니다.

가장 낮고 냄새나는 땅에 떨어져 흔적도 없이 썩어짐으로써, 오늘날 수많은 영혼의 열매를 맺게 한 한 알의 밀알. 방애인 선생의 그 짧고도 영원한 생애는 다음의 진리 안에서 영원토록 빛날 것입니다.

"내가 진실로 진실로 너희에게 이르노니 한 알의 밀이 땅에 떨어져 죽지 아니하면 한 알 그대로 있고 죽으면 많은 열매를 맺느니라. 자기 생명을 사랑하는 자는 잃어버릴 것이요, 이 세상에서 자기 생명을 미워하는 자는 영생하도록 보존하리라. 사람이 나를 섬기려면 나를 따르라 나 있는 곳에 나를 섬기는 자도 거기 있으리니 사람이 나를 섬기면 내 아버지께서 저를 귀히 여기시리라." *(요 12:24-26)*

6. "거리의 성자",
거두리 이보한 선생의
거지 전도와 영성 이야기

1. 시작하는 말

영성의 시대로 일컬어지는 21세기에 역설적이게도 수많은 이들이 영적인 갈증을 해소하지 못한 채 방황하고 있습니다. 가난과 굶주림으로 고통받던 과거에는 보릿고개만 넘기면 풍요로운 날이 올 것이라는 한 가닥 소망으로 인내하며 살아왔습니다. 그러나 막상 그토록 바라던 물질적 풍요가 넘쳐나는 오늘날, 우리는 도리어 극심한 영적 기근과 목마름에 허덕이고 있습니다.

진정 그리스도인의 목마름을 해결해 줄 생수의 강은 어디로 흐르고 있을까요? 이 갈증을 채우기 위해 각종 매체에서는 매일같이 설교 말씀이 홍수처럼 쏟아지지만, 영혼의 시원함을 느끼지 못한 채 방황하는 이들이 부지기수입니다. 그 근본적인 이유는 가장 단순한 진리, 곧 십자가에서 돌아가시고 사흘 후에 부활하신 예수님, 이 땅에 다시 재림하실 예수님을 매 순간 인격적으로 만나고 체험하지 못하기 때문입니다. 오랜 세월 영적 목마름에 시달리던 수가성 여인이 생수의 근원이신 예수님을 만나 단숨에 그 갈증을 해결했듯(요 4:10), 우리 역시 예수님과의 만남을 삶의 최우선 순위로 삼아야 합니다.

경기도 포천시 화현면 화현리 운악산 자락에 자리한 장로회신학대학교 신학대학원 경건 훈련장, '은성수도원' 출입문 입구에 이런 글귀가 붙어 있습니다.

주의 깊게 진리를 배우고, *(하나님을 아는 지식)*

오는 사람 막지 않고 가는 사람 쫓지 않으며, 매사에 불평하거나 집착하지 않는다.

나 자신이 베풀 수 있는 입장이 된다면 이를 과분한 행운으로 생각해 더욱 감사하며,

검소한 생활을 기분 좋게 생각하고,

아무리 하찮은 것이라도 모든 물건의 존재를 소중히 여기며,

천지의 아름다움을 마음껏 찬미하고 부귀영화를 덧없는 것으로 생각해 관망하고 즐기며,

건강이나 병고도 인생 최후의 장식으로 생각하며 정숙과 여러 덕으로 내면을 장식하라.

참된 영성이란 이렇듯 자신의 내면을 세밀하게 살피며 순간순간 임하시는 그분의 임재를 분별하고, 때로는 청빈과 순종, 순결로 나아가는 결단을 하도록 우리를 이끕니다.

하나님을 향한 내면의 결단을 품고, 척박한 환경과 불우한 가정, 시대의 아픔과 사회의 외면 속에서도 오직 예수 그리스도만을 의지하며 묵묵히 걸어간 토착 영성가들이 있습니다. 어둡고 고통스러운 시대 상황 속에서 그들을 부르시고 빛으로 사용하신 하나님의 섭리는 오늘날 우리에게도 이어져 있습니다. 고난을 기쁨으로 승화시킨 그들의 삶을 통해, 우리는 살아계신 예수 그리스도를 다시금 만나게 될 것입니다.

이들의 숭고한 삶 속에서 현대 기독교인의 오랜 목마름을 축여

줄 '영적 생수의 웅달샘'을 발견하게 될 것입니다. 다시 말해, 믿음의
선조들이 팠던 옛 우물을 복원하여(창 26:18) 그 조상들이 마셨던 생
수를 마심으로 우리 안에 메말라버린 영성의 샘이 다시 차오르는 감
격을 누리게 될 것입니다.

이제 그 거룩한 발자취를 따라 또 한 분의 영성가를 만나보려 합
니다. 전라북도 전주에서 소외된 이들의 친근한 벗이자 일생을 헌신
한 전도자로, 그리고 끔찍이도 조국을 사랑한 독립운동가로 살다 초
야에 묻힌 '거리의 성자' 이보한 선생입니다. 지금부터 이보한 선생
의 영성적 삶과 그가 남긴 고귀한 교훈을 깊이 들여다보겠습니다.

2. 출생과 성장 과정

이보한 선생의 초상

이보한(李普漢) 선생은 1872년(고종 9
년) 1월 23일, 현재의 전북 익산시 목천
동(옛 익산군 복전포 당뫼)에서 태어났습니
다. 그의 아명은 '주박'이었으나, 훗날
'거룩하고 크고 넓은 마음을 가진 사내'
라는 뜻의 보한(普漢)으로 불리게 됩니
다.

그의 가문은 지역에서 내로라하는
큰 부호였습니다. 조부 이규풍 슬하에는
두 아들이 있었는데, 장남 건호는 성균관 진사를 지내 세간에서 '북

문안 이 진사'라 불렸습니다. 차남이자 이보한 선생의 부친인 경호는 문과와 무과에 모두 급제하여 감찰 벼슬을 지냈으며, 800석을 거두어들이는 대지주로 '물장군 이 감찰'이라 불렸습니다. 특히 부친 이경호는 효성이 지극하기로 이름난 인물이었습니다. 그가 12살 무렵 조부 이규풍이 중병으로 사경을 헤맬 때, 장남 건호가 아버지를 살리겠다며 손가락을 자르려(단지, 斷指) 칼을 들었으나 차마 내리치지 못하고 세 번이나 주저했습니다. 이를 지켜보던 어린 경호가 "형은 바보야!"라며 단숨에 자신의 왼쪽 약손가락을 잘라 그 피를 아버지에게 먹여 드렸습니다. 이 지극한 효심 덕분인지 조부는 3년을 더 생존했다고 전해집니다.

이처럼 명망 높고 부유한 가문이었지만, 이보한 선생의 개인적인 삶은 태어날 때부터 깊은 상처로 얼룩져 있었습니다. 그의 생모인 김해 김씨는 기생 출신으로, 부친의 보쌈을 통해 집안에 들어왔으나 천한 신분 탓에 시댁의 인정을 받지 못했습니다. 모진 구박을 견디다 못한 친모는 이보한 선생이 어릴 적 집을 나가버렸고, 그러자 그는 장남임에도 불구하고 서모(庶母) 한 씨 밑에서 서자 취급을 받으며 뼈저린 냉대 속에 자라야 했습니다. 가끔 친모가 아들을 보러 찾아오면, 서모는 "자식을 버리고 도망간 년이 어디 함부로 발을 들이느냐"며 머리채를 잡고 싸우기 일쑤였습니다. 족보에조차 오르지 못한 채 홍길동처럼 살아야 했던 이 참담한 현실은 어린 이보한의 가슴에 씻을 수 없는 아픔을 남겼습니다.

설상가상으로 찾아온 불행은 그의 육신마저 앗아갔습니다. 어린 시절 왼쪽 눈에 안질이 생겼을 때, 서모 한 씨가 된장을 바르면 낫는

다며 민간요법을 썼으나 제때 된장을 떼어주지 않아 눈이 심하게 상해 버린 것입니다. 뒤늦게 군산의 궁말 병원을 찾았으나, 당시 의술로는 의안(義眼)조차 고통만 더할 뿐이라는 진단을 받았습니다. 결국 수술로 왼쪽 눈을 적출해야 했던 그는, 평생 움푹 팬 눈을 가리기 위해 검은 안경을 쓰고 다녀야만 했습니다.

3. 예수 그리스도 영접과 신앙의 출발

1892년 9월, 미국 남장로회는 일곱 명의 개척 선교사를 전주 지방으로 파송했습니다. 이들 가운데 테이트(L. B. Tate, 한국명 최의덕) 선교사는 전주에서 선교를 준비하면서 조선말을 배웠습니다. 비록 조선말은 어눌했지만 가슴속에서 끓어오르는 선교의 열정을 억누를 수 없었던 테이트 선교사는 전도의 대상을 놓고 기도하는 중에 전주에서 그래도 영향력이 있는 양반집을 전도하면 그 파급효과가 크리라고 생각했습니다.

그가 용기를 내어 찾아간 곳이 보한의 부친 되는 이 감찰 댁이었습니다. 마침 사랑채 아랫목에서 긴 담뱃대를 물고 점잔을 빼고 있던 이 감찰에게 다가간 테이트 선교사는, 조선식으로 넙죽 엎드려 절을 올리며 "아부지, 안녕하십니까?" 하고 해맑게 인사했습니다. 이 감찰은 서양 사람들이 전주 부중에 살고 있다는 말은 들었으나 직접 대하기는 처음이었습니다. "그렇지 않아도 나라가 어수선한데 망하려고 서양 오랑캐들까지 와서 사는구나"라고 생각하며 못마땅하게 여

기던 터였습니다. 그런데 파란 눈에 노란 머리를 한 서양인이 다짜고
짜 자신을 '아부지'라 부르니, "저놈이 오랑캐면 나도 오랑캐란 말이
냐!" 싶어 불쾌함이 치밀어 올랐습니다.

테이트 선교사는 조선의 예법을 잘 몰라 그저 친근함을 표하려
한 것이었으나 상황은 꼬여만 갔습니다. 환심을 사려던 선교사가 이
번에는 이 감찰의 귀를 덥석 만지며 "아부지, 귀가 참 잘생겼습니다"
라고 말해버린 것입니다. 크게 진노한 이 감찰은 "이 버르장머리 없
는 서양 놈이 감히 어른을 놀리다니! 당장 저놈을 마당에 묶고 매우
쳐라!" 하며 하인들에게 호통을 쳤습니다.

선교사가 매질을 당했다는 소문이 퍼지자, 전주 감영의 나졸들
이 들이닥쳐 이 감찰을 압송해 갔습니다. 당시 서양 선교사들은 치외
법권의 보호를 받았고, 고종 황제가 직접 '나를 대하듯 대우하라(待如
我)'는 칙명까지 내린 상태였습니다. 이 사실을 알 리 없던 지방 양반
이 엄청난 외교적 결례를 범한 셈이었습니다. 석방을 위해 백방으로
뛰던 이 감찰은 결국 테이트 선교사를 찾아가 합의를 사정했고, 선교
사는 "예수만 믿으면 다 잘될 것입니다"라며 용서의 뜻을 밝혔습니
다.

급한 마음에 무조건 예수를 믿겠다고 약속하고 풀려난 이 감찰
은 집에 돌아와 깊은 고민에 빠졌습니다. 체면상 서양 종교를 믿을
수는 없고, 그렇다고 약속을 어길 수도 없었기 때문입니다. 가족들을
모아놓고 "내 대신 예수 믿을 놈, 어디 없느냐?" 물었으나 아무도 나
서지 않았습니다. 그때, 서자라는 이유로 평생 냉대받던 장남 이보한
선생이 부친 앞에 나섰습니다. "예, 제가 아버님을 대신해 예수를 믿

겠습니다." 부친이 다시 관아에 끌려가 고초를 겪을까 염려한 지극한 효심이었습니다. 이보한 선생의 신앙은 이렇게 뜻밖의 해프닝과 부모를 향한 효성에서 출발했습니다.

부친을 대신해 예수를 믿게 된 이보한 선생은 전주에서 유일한 서문밖교회에 매주일마다 출석하며 믿음을 키워 나갑니다. 부친의 반대가 아니라 고마워하는 마음과 격려 가운데 당당히 교회를 나가기 시작했으니 하나님 구원의 역사는 참으로 놀라지 않을 수 없습니다.

막상 교회에 나가보니 완고한 유교 가문에서 철저한 계급과 차별 속에 살던 그에게, '상놈'과 '양반'의 구별 없이 모두가 서로를 형제자매라 부르는 교회의 분위기가 마음에 쏙 들었습니다. 비로소 온전한 '사람 대접'을 받게 된 그는 틈나는 대로 선교사 집을 찾아다니며 성경도 배웠고 영어도 배웠습니다. 특유의 총명함으로 그의 영어 실력은 금세 수준급이 되었습니다.

그는 교회에 출석함으로 비로소 사람 대접을 받게 되었고, 사람의 가치가 얼마나 소중한지를 깨닫게 됩니다. 그래서 더 열심히 신앙생활을 했습니다. 특별히 힘없는 자, 가난한 자, 천대받는 자들을 불쌍히 여기고 관심을 가지게 되었습니다. 그는 예수님이 자기처럼 비천한 자를 위해 죽으시고, 친구가 되어주시고, 형제가 되어주심에 늘 감사했습니다. 그래서 날마다 남문 밖 장터로, 또는 거리로 나가서 가난한 이들에게 복음을 전하기 시작했습니다. 노래 실력이 명창에 가까웠던 그가 찬송을 목청껏 부르며 전도하였는데 그 찬송가가 496장 '새벽부터 우리 사랑함으로써'입니다. 이 찬송가로 인하여 '거두리’라는 별칭을 얻게 됩니다.

“새벽부터 우리 사랑함으로써 저녁까지 씨를 뿌려 봅시다. 열매 차차 익어 곡식 거둘 때에 기쁨으로 단을 거두리로다. 거두리로다. 거두리로다. 기쁨으로 단을 거두리로다. 거두리로다. 거두리로다. 기쁨으로 단을 거두리로다.”

미국의 노울즈 쇼(Knowles Shaw, 1834~1878) 목사가 시편 126편을 바탕으로 작사하고, 조지 마이너(George A. Minor, 1845~1904)가 작곡한 ‘복음의 씨를 뿌리고 눈물겨운 수고를 한 후 기쁨으로 열매를 거두어 들인다’는 내용의 이 찬송은 생전 그를 지극정성으로 보살펴 주었던 큰어머니가 즐겨 부르던 곡이기도 했습니다. 큰어머니를 통해 이 찬송가가 귀에 익은 이보한 선생은 이 노래를 힘차게 부르며 용기를 얻었고, 전도에 뜨거운 불을 붙여 나갔습니다.

4. ‘믿음의 용사’로 키워낸 큰어머니의 사랑

이보한 선생이 훗날 그토록 깊은 신앙을 품게 된 이면에는, 보이지 않는 곳에서 그를 위해 눈물로 기도해 준 또 다른 은인이 있었습니다. 외롭고 울적할 때면 그가 하룻길을 걸어 곧잘 찾아가던 곳, 바로 전주 북문 안에 있던 큰아버지 이건호(북문안 이 진사)의 댁이었습니다.

큰아버지에게는 본처 외에 서울에서 내려온 소실(작은 부인)이 한 분 있었습니다. 슬하에 자식이 없어 늘 외롭고 쓸쓸하게 지내던 그는 독실한 기독교 신자였습니다. 양반가의 첩이라는 비천한 신분으로 남모를 설움을 삼키던 그는, 친모에게 버림받고 한쪽 눈마저 잃은 채 서자로 힘들게 살아가는 조카 보한이 놀러 올 때면 친아들처럼 따뜻하게 품어주었습니다. 보한이 기독교 신앙을 굳게 결단하게 된 데에는, 이렇듯 상처 입은 여인이 베풀어준 '어머니같은 큰 사랑'이 결정적인 역할을 했습니다.

하나님께서는 세상의 잣대로는 가장 연약하고 비천한 여인의 가슴에 먼저 복음의 씨앗을 심으셨습니다. 비록 그가 전라도 부잣집의 첩으로 들어온 기구한 운명이었으나, 상처투성이 조카의 영혼을 그리스도의 사랑으로 어루만지는 훌륭한 '위로자'로 쓰임 받게 하신 것입니다. 양반 사회의 악습이 빚어낸 불행한 출생, 친모의 가출, 왼쪽 눈의 실명이라는 지독한 불우함을 딛고 일어선 이보한 선생. 훗날 온 전주 시민의 존경을 받는 '거두리', '거두리 참봉'으로 거듭난 그의 등 뒤에는 이렇듯 이름 없이 썩어신 한 알의 밀알 같은 큰어머니의 눈물이 있었습니다.

또한, 큰어머니의 각별한 배려 덕분에 그는 미국 남장로교 선교사들에게서 직접 영어를 배울 수 있었습니다. 특유의 총명함이 더해진 그의 영어 실력은 당시 일본인 교사들에게 어설프게 영어를 배운 중학생들의 수준을 훨씬 능가했습니다.

그는 늘 소박한 한복에 흰 고무신을 신고 다녔습니다. 이른 아침 전주 거리에서 등교하는 학생들과 마주치면, 유창한 영어로 반갑게 인사를 건네며 장차 조국의 큰 일꾼이 될 청년들의 어깨를 두드리고 격려하던, 참으로 따뜻하고 멋진 어른이었습니다.

5. 호남 선교의 별, 테이트 선교사
   그리고 포사이드 선교사의 영향

이보한 선생이 그토록 깊은 신앙을 갖게 된 데에는 큰어머니의 헌신적인 사랑 외에도 결정적인 이유가 있었습니다. 바로 미국 남장로교의 테이트(L. B. Tate, 최의덕) 선교사와 포사이드(Willy H. Forsythe, 보위렴) 선교사가 보여준 한없는 '사랑과 용서'의 삶에 깊이 감화되었기 때문입니다.

특히 1905년 3월에 일어난 끔찍한 강도 사건은 이보한 선생의 인생을 송두리째 뒤흔들어 놓았습니다. 당시 그의 부친 이 감찰이 강도들의 습격을 받아 생명이 위태로웠을 때, 격무에 시달리던 포사이드 선교사가 먼 길을 달려와 왕진을 한 덕에 가까스로 목숨을 건졌습니다. 치료를 마친 포사이드 선교사가 늦은 밤 이 감찰의 집에 머물게 되었는데, 공교롭게도 그를 경찰로 오인한 강도들이 다시 들이닥쳐 포사이드 선교사에게 큰 상해를 입히고 말았습니다. 이 감찰 가족의 밤샘 간호 덕분에 간신히 생명은 건졌으나 상처가 너무 위중하여, 서울 세브란스병원으로 호송되어 치료받다가 결국 미국으로 떠나야만 했습니다.

얼마 후, 전라도 관찰사가 강도 사건의 주범을 체포한 뒤 포사이드 선교사에게 경과를 보고하며 처벌 의사를 물었습니다. 그때 포사이드 선교사는 "붙잡힌 강도를 위해 내가 죽지 않았으니, 그 사람들의 죄(罪)를 묻지 말고 죽이지도 말라"는 편지를 전라 감영에 보냈습니다.

포사이드 선교사는 3년에 이르는 투병 중에 많은 좌절과 회의감, 고난과 고독에 직면하며 다시 한국에 돌아오지 못할 수도 있었지만, 그는 분노나 증오심에 빠지지 않고 주님의 마음으로 '용서'하였습니다. 그것이 이 씨 문중을 발칵 뒤집어 놓았습니다. 이것을 계기로 이 씨 문중의 대표로 이보한 선생은 전주교회에 등록하였고, 테이트 선교사가 성경 공부와 영어 교사를 맡아 그를 열심히 가르쳐 주었습니다. 그는 테이트 선교사의 지도와 격려로 짧은 기간에 전주 교회의 영향력 있는 영적 지도자로 성장하였습니다.

또한, 이보한 역시 이 폭력 사건을 통해서 부친의 거친 행패와 위선, 그리고 상대적으로 선교사의 겸손과 사랑을 지켜보며 내심 충격을 받았습니다. 그는 권위적이며 허세가 심한 양반의 정신세계로부터 벗어나 다른 세계에서 사는 선교사들의 정신과 신앙에 눈을 뜨게 됩니다.

그리고 포사이드 선교사의 '용서'는 완고한 전주지역 양반들의 가슴에서 수상한 서양 기독교에 대한 무조건적인 거부감과 적개심에 대한 오해를 풀어버리는 계기가 되었습니다. 그의 조건 없는 '용서'는 얼치기 양반 이보한의 상처투성이 가슴을 따뜻하게 녹이고 치료해 주었습니다. 그런 과정이 있었기에 부친 이 감찰이 자신을 대신해서 교회에 나갈 사람을 찾았을 때 그가 바로 나설 수 있었던 것입니다. 그는 파도처럼 자신을 덮쳐오는 선교사들의 사랑과 용서의 신비스러운 비밀이 무엇인지 알고 싶었고, 그 사랑에 자신을 의탁하고 싶은 충동에 믿음생활이 더욱 깊어지게 되었습니다.

6. 상해 임시정부의 독립 자금을 조달하는 애국자

이보한 선생은 '조국이 없으면 국민도 없고 또한 자신도 없다'는 신념으로 평생을 독립운동에 투신했습니다. 3·1운동을 전후하여 서울 계동의 민영휘 자택을 자주 드나들던 그는, 어느 날 중앙고보와 휘문고보 학생들의 만세 시위를 목격하게 됩니다. 주저 없이 대열에 뛰어들어 "대한 독립 만세" 외치던 선생은 일본 소방대원의 곡괭이에 어깨를 맞고 쓰러졌습니다.

정신을 차려보니 차가운 감방 안이었습니다. 이보한 선생은 일경에게 대담하게 "내가 만세 운동의 주모자를 밝히겠소"라고 자청했습니다. 거물을 잡았다고 착각한 경찰은 그를 특별실로 옮겨 후대했고, 선생은 경찰서장과의 단독 대면을 요구했습니다. 마침내 서장과 마주 앉게 되었습니다. "그래, 주모자는 누구며 그가 어디에 있는지 말해 주겠소?" 서장의 다그침에 선생은 태연하게 답했습니다. "예, 주모자는 바로 '하나님'인데, 그분의 주소는 저 구만리 장천(九萬里 長天)이오!" 단단히 농락당했음을 깨달은 서장은 노발대발했고, 이보한 선생은 혹독한 고문을 당한 채 다시 감방에 갇히게 됩니다.

일경의 잔혹한 분풀이가 계속되자, 이때부터 이보한 선생은 기이한 행동을 하기 시작합니다. 감방 아무 데나 대소변을 보고 스스로 오물을 뒤집어쓰며 벽에 바르는 등 영락없는 광인(狂人)의 행세를 한 것입니다. "내가 너무 심하게 때려서 돌았나 보다"라며 양심의 가책을 느낀 취조관은 며칠 후 그를 방면해 버렸습니다. 고향 전주로 내려가는 길에 이보한 선생은 수원에서 또다시 만세 대열에 뛰어들었다가 체포되었습니다. 심문을 받던 중 "나의 가장 다정한 친구가 종로경찰서장이오"라고 호통을 치자, 거물인 줄 알고 종로에 확인 전화를 건 수원 경찰은 "그자는 미치광이요"라는 답변을 듣고 곧장 석방했습니다. 천안에 도착해 또다시 만세를 부르다 모진 고문을 당한 이보한 선생은 석 달을 감옥에서 지낸 뒤에야 풀려났습니다.

이후 이보한 선생은 옷고름을 풀어 헤치고 모자에 구멍을 뚫어 거꾸로 쓴 채, 조선 팔도를 누비며 철저히 미치광이 노릇을 했습니다. 어쩌면 이렇게 미치광이가 되지 않고서는 그 분함을 풀 수 없을 만큼 처참하고 암담했던 것이 그 시대의 상황이었고, 의식 있는 사람들의 몸부림이었는지도 모릅니다.

이보한 선생은 일본 헌병대 앞에 가서 거꾸로 쓴 모자를 쓴 채 "세상이 뒤바뀌었다!"라고 외치고는 '거두리로다' 찬송을 소리 높여 부르기도 했습니다. "거두리로다. 거두리로다. 기쁨으로 단을 거두리로다!" 그가 찬송을 부르며 행진하면 많은 이들이 그를 따라 같이 행진하기도 했습니다.

하루는 일본 헌병대장이 막아서자, 선생은 이렇게 꾸짖었습니다. "나라가 없고 부모가 없는 고아가 된 백성이 하나님 찬송가를 부르면서 서러움을 달래는데 무슨 잘못이 있소? 만일 우리가 일본을 강압하고 당신들을 통치한다면 당신도 나처럼 이렇게 하지 않겠소? 당신이 당신 나라 사랑하는 것과 내가 내 나라 사랑하고 충성하는 것이 뭐가 다를 게 있소? 그렇지만 나는 폭력은 쓰지 않소. 차이점이 있다면 그것이 당신과 내가 다른 점이오." 그는 계속하여 말했습니다. "당신도 당신의 나라를 지키기 위해 이곳에 와 있는데, 당신에게 폭력을 쓰면 당신이 가만히 있겠소? 일본 군대도 가만있지는 못할 거요. 그러면 이 나라는 피바다가 되고 우린 서로 망하게 되고 말 거요. 그래서 우린 폭력을 쓰지 않고 평화로운 행진을 하는 것이오. 당신네 일본군이 무서워서 이렇게 하는 게 아니오. 우리 백의민족은 평화를 사랑하오."

일본 헌병대장도 이 말에는 아무런 대꾸를 못 했습니다. 골치 아픈 미치광이로 여기고 이내 석방할 수밖에 없었습니다. 그 후부터는 관청 앞에서 모자를 거꾸로 쓰고 독립 만세와 거두리 찬송가를 부르는 사람은 아예 간섭하지 않게 됩니다.

이보한 선생의 행보는 여기서 멈추지 않았습니다. 그는 은밀히 독립 자금을 모아 상해 임시정부로 전달하는 중책을 맡았습니다. 이 거룩한 과업에는 양반과 천민의 구분이 없었습니다. 당대의 국창(國唱)으로 불리던 기생 화중선은 선생에게 틈틈이 창을 배우며 비녀와 가락지까지 빼어 독립 자금에 보탰습니다. 이보한 선생은 숨은 애국 지사들과 기생들이 모아준 금은보화를 책보에 싼 뒤, 일제의 눈을 속이려 8살 난 어린 손자(이중환)의 손을 잡고 지경역(현 대야역)으로 향했습니다. 기차가 들어오면 재빨리 화장실로 뛰어 올라가서 보따리를 교환하는 식으로 1년에 대여섯 번씩 자금을 보냈습니다. 당시 쌀

146

한 말이 70~80전, 장정 하루 품삯이 1원이던 시절, 그가 한 번에 전달한 돈은 2만 원에 달하는 엄청난 거액이었습니다.

자금을 마련하기 위해 그는 함경도를 거쳐 블라디보스토크와 상해에 이르기까지 수차례나 국경을 넘나들며 위험을 무릅썼습니다. 고약을 만들어 팔기도 하고, 때로는 독립군을 돕기 위해 생명을 건 음지에서의 아슬아슬한 비밀 거래도 마다하지 않았습니다. 훗날 그의 후손이 전하는 말에 의하면 전주 제2보통학교 금고를 털어 가던 독립군이 "이보한 선생이 돌아가시니까 독립 자금이 너무 모자라오"라고 했다고 합니다. 그러던 어느 날 그가 이보한 선생의 집에 찾아와서 "여기가 거두리 선생 댁이냐, 네가 거두리 참봉의 손자냐?" 하면서 거금을 주고 갔다고 합니다. 독립운동가의 후손으로 가난에 찌든 그 집을 돌아보며 조국을 위해 모든 것을 불태운 거룩한 바보, '거두리 참봉'을 향한 이름 모를 독립군들의 뜨거운 눈물이자 경의였습니다.

7. 눈물로 뿌린 씨앗,
   기쁨으로 거둔 열매가 복음의 숲을 이루다

이보한 선생은 걸인들의 진정한 아버지이자 든든한 후견인이었습니다. 때로는 등에 소금을 짊어지고 다니며 팔아 그 수익금을 가난한 이들의 구호금으로 썼고, 일제강점기 아래 각종 사업으로 부를 축적한 지주들의 사랑방을 제집처럼 드나들며 식량과 의복, 구호 금품을 얻어내 굶주린 이들에게 나누어 주는 것을 평생의 일과로 삼았습니다.

부자와 세도가들이 그의 기행에 기꺼이 협조했던 데에는 나름의 치밀한 계산도 깔려 있었습니다. 우선 이보한 선생의 정직한 인품과 뼈대 있는 가문을 얕볼 수 없었거니와, 그를 후대하여 빈민을 구제하면 전주 부중에서 적잖은 덕망을 얻을 수 있었기 때문입니다. 내심 애경사 때마다 몰려와 행패를 부리는 거지 떼를 막아보려는 얄팍한 속셈도 있었습니다.

이보한 선생은 양반집 사랑에 앉아 있다가 벽에 걸려 있는 좋은 옷을 보면 "자네에게는 이 옷 말고도 좋은 옷이 많으니 나 한 번 입고 가네" 하고 나서곤 했는데 아무도 말리지 못했습니다. 그러다가 길에서 누더기를 입고 가는 사람을 만나면 "여보게, 이리 오게. 자네 옷하고 내 옷을 바꿔 입세" 하면서 벗어 주었습니다. 어느 날 부잣집 사랑채에 앉아 있다가 거지가 적선을 구하러 오자, 이보한 선생이 먼저 잽싸게 큰돈을 꺼내 주었습니다. 그러자 집주인이 놀라 "왜 자네가 주는가? 내 집이니 내가 주어야지" 하자, 이보한 선생은 "자네가 주면 너무 적게 줄까 봐 내가 듬뿍 주었네"라며 웃었습니다. 결국 부자는 이보한 선생이 적선한 돈만큼을 고스란히 선생에게 주어야 했습니다.

한번은 김제 금구에 사는 이름난 부자가 회갑 잔치에 선생을 초대했습니다. 신이 난 그는 전주 부중의 거지 70여 명을 모두 이끌고 10리 밖 금구의 잔칫집에 들이닥쳤습니다. 생각지도 못한 '거지 군단'의 등장에 주인은 기가 막혔지만, 좋은 날 문전박대할 수 없어 동네 닭을 잡아 반찬을 더 만들고, 국수를 삶아 그들을 배불리 대접했습니다. 모두가 포식한 후, 선생은 잔칫집 기생들을 불러 걸인들 앞에서 노래를 부르게 했고, 건성으로 부르면 불호령을 내려 다시 부르게 하며 완벽한 잔치를 즐겼습니다. 이처럼 걸인들에게 후한 대접을 한 이보한 선생은 다시 거지 70명을 이끌고 개선장군처럼 전주로 돌아왔습니다.

전주로 돌아온 선생은 친한 신문 기자를 찾아가 '금구의 부자 아무개가 전주의 거지 70인을 포식시키다'라는 제목으로 크게 기사를 내도록 했습니다. 부자를 '적덕가(積德家)'로 홍보해 주어 그에 대한 신세를 톡톡히 갚은 셈입니다. 이 일화 이후, 인색하다는 소문을 피하려고 전주의 부호들은 잔치 때마다 으레 이보한 선생의 거지 군단을 초대하게 되었습니다.

이보한 선생은 전도하는 데 끈질기고 열의가 있었습니다. 한번은 부친과 절친했던 어느 완고한 진사를 전도하려 오랫동안 공을 들인 끝에 마지못해 교회에 가겠다는 약속을 받아냈습니다. 그러나 막상 주일이 되자, 진사는 약속을 피하려 전수에서 50리나 떨어진 고산 화암사(花巖寺)로 훌쩍 휴양을 떠나버렸습니다. 하지만 포기할 이보한 선생이 아니었습니다. 주일 아침 일찍 눈길을 헤치고 화암사까지 쫓아간 그를 보고 기겁한 진사는 "내가 약속을 했으니 오늘 꼭 가야 되겠네마는 눈이 이같이 왔으니 어이 갈 수 있겠는가. 다음에 틀림없이 가줌세"라고 핑계를 댑니다. 이보한 선생은 "진사님, 제가 눈을 좀 쓸어 놨으니 눈 쓸어 놓은 데까지만 저를 대접해 주시는 셈 치고 함께 가 주십시오"하고 간청했습니다. 그래서 진사는 '거두리가 아무리 눈을 쓸었다 한들 한 십 마정(십 리)이나 쓸었을까’ 생각하고 따라나섰는데 십 리 밖에 있는 교회 문 앞까지 가게 되었습니다. 진사는 하는 수 없이 자그마한 시골 교회에서 처음으로 예배를 드리게 되었습니다. 이후 그는 전주로 돌아와 서문밖교회에 출석하여 교인들의 존경을 받는 신실한 성도가 되었다고 합니다.

이보한 선생은 평소 실천 신앙을 강조하며 “생활이 신앙이요, 신앙이 곧 생활이 되어야 한다”고 주장했고 실제 그런 생활을 했습니다. 그가 늘 신조처럼 여기던 말이 있는데 그것은 “하고 싶은 일만 하지 말고 하기 싫은 일을 먼저 하라”입니다. 전주 서문교회 주일학교 아이들 앞에서 설교할 때면, 입고 있던 저고리를 훌렁 벗어던지면서 “가난한 이에게 이렇게 벗어줘라. 있는 것으로 구제하고 불쌍하면 주라”라고 아이들을 가르쳤습니다. 그는 헐벗은 이들이 지나가면 그 자리에서 불러 자신의 새 옷과 그들의 누더기 옷을 바꿔 입기도 했습니다.

8. 이보한 선생의 전도 열정과 영성적 평가

“눈물을 흘리며 씨를 뿌리는 자는 기쁨으로 거두리로다. 울며 씨를 뿌리러 나가는 자는 반드시 기쁨으로 그 곡식 단을 가지고 돌아오리로다.”(시 126:5-6)

　　이 성경 말씀을 이보한 선생은 평생 가슴에 안고 거지들과 희로애락을 나누며 살았습니다. 처음 미국 선교사들이 눈물로 뿌린 씨앗, 이 씨앗을 이보한 선생이 받았고, 그도 함께 뒤따르며 씨앗을 뿌렸고, 이른 비와 늦은 비를 하나님께 구하며 정성 들여 사랑으로 잘 가꾸었고, 결국 기쁨으로 거둔 열매가 전주라는 지역에 복음의 숲을 이루었고, 복음의 도시로 영맥이 흐르도록 했습니다.

　　로마의 철학자 키케로는 "왕과 동행할 때 마음이 흔들리지 않으며, 거지와 같이 있을 때 그를 업신여기지 않으면 진정한 인격자다"라고 했습니다. 이보한 선생은 바로 그런 사람이었습니다.

　　비록 대지주의 아들로 태어났으나 서자의 굴레와 외눈이라는 신체적 약점 속에서 냉대받던 그의 아픔을 아시는 하나님은 그를 긍휼로 부르셔서 예수 그리스도를 영접하게 하시고 아버지께는 효도의 선물을, 자신은 예수 그리스도를 영접하여 영생의 복을 누리는 기상천외한 축복의 주인공이 되게 하셨습니다. 이보한 선생은 예수 그리스도를 영접한 후 진정한 자유인이 되었습니다. 호탕한 자로 양반들의 콧대를 꺾어 놓았고 일제 식빈지의 반압과 억압에 과감히 저항하고 독립운동에 나섰습니다. 그가 위대한 지도자로 나설 수 있었던 원동력은 두말할 것도 없이 성령님의 동행하심입니다. 테이트 선교사를 통하여 성경과 영어를 배우며 단계적으로 신앙심이 깊어졌고, 담대하게 주의 사랑을 전하였습니다. 그러나 아쉬운 점은 언제 어디에서 어떤 영적 체험을 했는지는 기록으로 찾아볼 수가 없다는 것입니다. 예수님께서는 "열매를 보면 그 나무를 알 수 있다"(눅 6:44)고 말씀하셨습니다. 불의를 보면 참지 못하고 폭력과 심한 고문 가운데서도 하나님의 공의를 나타내려 함은 죽음을 초월한 내재된 하나님의 능력입니다.

기독교 영성이란, 삼위일체 하나님과의 만남을 추구하고, 그 만남을 위해 훈련하며, 그 만남을 통해서 경험하는 것과 변화되는 것에 대한 반응이라고 할 수 있습니다. 기독교 영성에서는 삼위일체 하나님의 존재가 필수적이며 성령의 능력이 전제되어야만 가능합니다. 일반적 영성의 의미와 구분되는 것도 여기에 있습니다. 이보한 선생은 예수 그리스도를 영접한 후, 말로만 믿음을 외치지 않고 불의와 억압에 저항하며, 가난한 이웃을 위해 자신의 모든 것을 내어주는 '행동하는 영성'의 표본을 보여주었습니다.

9. 맺는말

이보한 선생은 한평생 자신의 몫으로 돈을 모을 줄 몰랐습니다. 수중에 돈이 생기면 있는 대로 헐벗은 이들에게 나누어 주었고, 가진 것이 떨어지면 지인들에게 빚을 내어서라도 굶주린 자들을 먹였습니다. 이런 헌신 탓에 정작 그의 가정 형편은 말이 아니었습니다. 남을 돌보느라 자신의 몸이 쇠약해지는 줄도 몰랐던 그는 병석에 누워 시름시름 앓다가 회갑을 맞은 1931년 음력 8월 16일 중추절 한가위에 향년 60세로 조용히 하나님의 부르심을 받았습니다.

그의 별세 소식이 전주 지역에 퍼지자, 가장 먼저 달려와 통곡한 이들은 전주의 거지들과 상관 지역 골짜기의 나무꾼들이었습니다.

거리의 지게꾼들은 당장 하루의 생업을 전폐하고 달려왔고, 걸인들은 상여를 부여잡고 피 토하듯 뜨거운 눈물을 쏟애냈습니다. 전주 시내 도로는 조문객들로 홍수를 이루었고 그의 공적을 기리는 조문 행렬은 무려 10리를 이어졌다고 합니다. 온종일 물 한 모금 마시지 않은 걸인들이 앞다투어 슬픔의 눈물을 흘리며 상여를 메었고, 그의 공덕을 기리는 만사(輓詞) 깃대 수백 장이 좁은목에서 색장리까지 장장 1km나 뻗었다고 합니다. 전주 이 씨 선영(전주시 완산구 남고동 색장리 산 40번지)에 당도한 걸인들은 삽을 쓰기조차 황송하다며, 피부가 터져 피가 나도록 맨손으로 직접 흙을 파고 돌멩이 하나 섞이지 않도록 온갖 정성을 다해 골라내며 선생을 안장하였습니다.

그의 묘비에 작촌 조병희 선생은 이렇게 기록하였습니다.

"이공 거두리 애인비 (李公 거두리 愛人碑) 평생 성질이 온순하고 인자하였네. (平生性質 溫厚且慈) 굶주리고 헐벗은 사람을 보면 옷을 벗어주고 밥을 주었네. (見人飢寒 解衣給食)"

관석(冠石)조차 없는 1m 20cm 남짓한 이 초라한 비석은, 걸인과 빈민들이 눈물로 한 푼 두 푼 모은 성금으로 세운 것이었습니다. 석질(石質)은 조잡하고 글씨의 각자(刻字)는 치졸하기 이를 데 없었으나, 세상 그 어떤 화려한 공덕비보다 거룩했습니다. 훗날 전주와 남원을 오가는 차량들이 일으키는 비포장도로의 먼지로 자획(字劃)을 분간할 수 없을 정도로 낡아 버린 비석은 뜻있는 인사의 마음을 안타깝게 하였고 급기야는 도로가 확장되면서 무분별한 시공업자들의 공사장 중장비의 바퀴 아래 깔려 무참히 부서져 흔적을 찾아볼 수 없을 지경이 되고 말았습니다.

자신의 공적을 드러내기 좋아하는 이 시대에 이보한 선생은 표석(標石)도 없이 초야에 방치된 쓸쓸한 분묘(墳墓) 한 좌가 유일한 유적으로 남아 있습니다. 이조차 많은 세월이 흐른 후 전주 문화원 김진돈 국장의 수고로 비석이 다시 세워져 묘지가 깨끗하게 정돈되어 지금까지 전해지고 있는 것입니다. 그토록 하나님의 사랑에 흠뻑 빠져 이웃을 사랑하고 거지들을 돌보는 따스한 손길의 이야기는 고담(古談)으로 남아 지역 향토 문화 역사의 한 페이지를 장식하고 있습니다.

이토록 숭고한 삶을 살았건만, 오늘날 역사는 그를 온전히 기억하지 못합니다. 온몸을 던져 상해 임시정부에 독립 자금을 대고, 서울과 수원, 천안을 오가며 세 번이나 투옥되어 모진 고문을 당했던 독립투사였음에도, 공공기관의 자료 부실을 이유로 그는 아직도 독립유공자로 서훈받지 못했습니다. 위대한 애국지사의 남은 유족들이 지금도 뼈저린 가난 속에 살아가고 있다는 소식은 우리를 한없이 부끄럽고 비통하게 만듭니다.

그러나 세상의 표석과 훈장이 묘연할지라도, 이보한 선생의 생애는 한국 교회사에 영원히 빛날 십자가의 흔적입니다. 마지막으로 선생이 남긴 교훈적인 평가를 보면 아래와 같습니다.

첫째, 이보한 선생은 시대적인 악습의 희생자로서 아픔과 서러움을 예수 그리스도를 통하여 사랑과 용서로 승화하여 자신과 같은 낮은 자들을 평생 돌보며 살아간 삶은 마치 십자가에 달리시며 모든 것을 아낌없이 버리신 작은 예수님이 아닐 수 없습니다.

둘째, 하나님께서는 테이트 선교사 그리고 포사이드 선교사라는 위대한 인물을 전주 지역으로 파송하여 예수 그리스도의 사랑과 용서를 보여줌으로 전주 지역의 많은 불신자들에게 선한 빛이 되었고, 이보한 선생을 진정한 그리스도인으로 거듭나게 하고 평생을 노숙자들과 사회적 약자의 친구가 되어 살도록 하는 원동력이 되었습니다.

셋째, 이보한 선생의 '국가에 대한 충성이 자신에게 있어 가장 중요한 일이었고 일제로부터 독립은 평생의 소원으로 알고 자신의 희생과 심지어 죽음까지도 불사하겠다'는 자세는 예수 그리스도께서 인류를 사랑하신 희생적 사랑에 기인한 결과로 볼 수 있습니다.

넷째, 이보한 선생은 불의한 자신의 가정환경과 자신을 핍박한 사람들에게 적대감을 품기보다는 용서하고 품어주는 넉넉한 사랑의 사도였음을 보여주고 있습니다.

다섯째, 이보한 선생은 가정환경 때문에 아주 작고 보잘것없는 사람으로 성장했지만, 그는 오히려 예수 그리스도로 말미암아 큰 사람이 되었고 강한 자에게 큰 자로 약한 자에게는 한없이 작은 자로 다가서는 위로자가 되어 이 땅에 나타난 예수 그리스도의 현현을 보는 듯합니다.

7. "강아지 똥의 희생과 사랑",
권정생 집사의 문학세계를 통한 영성 이야기

1. 시작하는 말

"영성 생활이란 무엇인가요?", "영성 생활과 믿음 생활의 차이는 무엇인가요?" 많은 이들이 궁금해하는 질문입니다. 영성 생활이나 믿음 생활은 의미는 같을 수 있으나, 영성 생활은 믿음 생활 가운데 특별히 영적인 변화와 성숙을 위하여 자기를 성찰하고, 자기를 이해하고, 자기를 변화시키면서 좀 더 그리스도에게 가까이하며, 그리스도와 일치된 마음과 삶을 이루고자 노력하는 삶이라고 할 수 있습니다. *(요 15:5)*

우리는 예수를 그리스도로 인정하고 그분을 그리스도로 믿을지라도 자기 자신에게 여전히 남아 있는 어둠과 허물이 있습니다. 이러한 것들을 걷어내고 정결한 자세로 예수 그리스도와 맑고 투명한 교세를 이루는 삶을 추구하며 살아야 합니다. 즉 불의, 왜곡된 이념, 종교, 인종 등 편견의 두꺼운 벽을 허물고 살아가는 생활을 영성 생활이라고 할 수 있겠습니다.

다석(多夕) 유영모 선생은 생전에 이런 글을 남겼습니다.

"사람은 발을 치고 산다. 발을 치면 밖에서는 어두운 안쪽은 잘 보이지 않지만 어두운 안쪽에서는 밖은 다 보인다. 자기는 어두운 쪽에 앉아서 자신의 참모습을 보이지 않고 밖에 있는 남들을 자세히 속까지 들여다보려고 한다. 고로 영성 생활이란 바로 하나님 앞에서 자기 앞에 내려친 발을 걷어내고 자기를 있는 그대로 드러내는 과정이며 마침내 다 드러낸 후 빛 가운데 그리스도와 더불어 살아가는 것이다."

(김흥호 저, 『유영모 선생님 말씀 제소리』에서)

그렇다면 왜 영성 생활이 우리의 신앙생활에서 겉돌고 있을까요? 예수님은 이 땅에 오셔서 무거운 짐을 지고 허덕이는 인류에게 천국 가는 길을 간단한 이정표로 제시하였습니다. (요 3:16) 그분은 단순하고 쉽게 설명하려고 하였으나 사람들은 현란한 설교나 신학, 성경 공부를 해야만 그 이정표를 해석할 수 있다고 가르치고 있습니다.

많은 지식인이 진리에 대한 실천은 외면하고 분석만 하려 들고, 순종은 하지 않고 불순종에 대해 변명하려고만 하니 어렵고 복잡해질 수밖에 없습니다. "사랑하라, 용서하라"고 말씀하신 것을 "사랑이란 무엇인가? 용서란 무엇인가?"를 분석하고 논의하기 때문에 설교나 신학, 성경 공부가 이렇게 현란해지는 것이 아닐까 생각됩니다. 길을 안내하는 이정표는 의심 없이 따라가는 것이지 그것을 놓고 갑론을박할 일은 아닙니다. 이는 과녁을 벗어난 화살과 같습니다.

여기, 평생을 철저한 순종과 비움으로 예수님을 향한 이정표를 따라 걸어간 한 분을 소개하고자 합니다. 바로 1980년대 한국 아동문학의 거목이자, 신실한 그리스도인이었던 권정생 집사입니다.

그는 극심한 방광 결핵으로 평생 옆구리에 소변 주머니를 찬 채 끔찍한 육체의 질고를 견뎌야 했습니다. 돈이 없어 어쩔 수 없이 가

160

난했던 것도, 멋과 낭만을 몰라 초라하게 산 것도 아니었습니다. 쥐가 들락거리는 캄캄한 교회 문간방에서 15년을 살았고, 훗날 조금 나아졌다는 곳이 고작 5평짜리 비좁은 흙집이었습니다. 그는 그곳에서 어린이들을 위한 동화를 쓰며 평생을 그리스도의 마음을 품고 살다 하나님의 품에 안겼습니다.

흔히 타고난 재능도 계발하고 쓰지 않으면 녹슬어 버린다고 합니다. 특별한 시력을 가진 독수리도 땅만 보고 모이만 쫓다 보면 닭의 눈이 될 수밖에 없습니다. 재능과 눈의 힘은 타고나는 것이지만, 그것을 사용하고 갈고 닦지 않으면 어느새 닭의 눈이 되어버리고 마는 것입니다. 영적 재능도 갈고 닦지 않으면 녹슬어버립니다. 권정생 집사는 혹독한 추위 속에서 온기라고는 전혀 없는 교회 문간방에 살면서 귓불이 동상에 걸리고 온몸이 얼음장처럼 차가워져도 주님께서 베푸신 은총을 기억하며 감사하며 살았습니다. 매일 새벽이면 장갑도 끼지 않은 맨손으로 종을 치면서 마을에서 잠자는 영혼들의 새벽잠을 깨웠고, 시계가 드물었던 농촌 마을에 기상 시간을 알리는 역할을 했습니나. 주일이년 주일학교 교사로 복음이 남긴 동화를 장작하여 어린이들에게 재미있게 들려주었고, 병든 몸을 이끌고 묵묵히 교회의 가장 궂은일을 도맡으며 헌신했습니다. 그는 스스로 '강아지 똥'처럼 버림받은 존재였지만, 결국 화사한 민들레꽃처럼 피어났다고 스스로 고백합니다. 별처럼 아름다운 민들레꽃은 강아지 똥과 비와 따뜻한 햇볕이 있었기에 탄생할 수 있었다고 말입니다.

2. 출생과 성장 과정

권정생 집사는 1937년 8월 18일, 일본 도쿄 시부야 하타가야 혼마치에서 헌 옷을 수집해 보관하는 뒷방에서 태어났습니다. 일제강점기 노동자로 징용된 청소부 아버지 권유술과, 7남매를 먹여 살리기 위해 땀과 눈물로 헌신한 어머니 안귀순 사이의 5남 2녀 중 여섯째였습니다.

그의 어린 시절(아명 경수)은 날 때부터 슬픔의 연속이었습니다. 그가 두 살배기이던 1938년, 홀로 고국에 남아 있던 둘째 형이 세상을 떠나는 비극이 닥쳐왔습니다. 가슴에 큰 상처의 못이 박힌 어머니는 막내아들을 품에 안고 자장가 대신 구슬픈 타령을 불렀고, 어린 권정생은 그 슬픔을 자양분 삼아 자라야 했습니다. 그러나 가난과 슬픔 속에서도 문학의 싹은 움트고 있었습니다. 일곱 살 무렵, 아버지가 쓰레기 더미에서 주워온 『이솝이야기』, 『그림동화집』, 오스카 와일드의 『행복한 왕자』, 오가와 미메이(小川未明)의 『빨간 양초와 잉어』 같은 동화책과 그림책을 읽으며 스스로 글을 깨쳤습니다. 훗날 그가 쓴 동화 『슬픈 나막신』은 바로 일본 빈민가에서 보낸 어린 시절을 그려낸 것입니다.

1944년 소학교에 입학했으나, 그해 겨울 미군의 폭격으로 집이 전소되어 군마현의 시골 마을로 피난을 떠나야 했고, 그곳에서 해방을 맞아 이듬해인 1946년에 고국 땅을 밟았습니다. 그러나 귀국 후에도 지독한 생활고로 가족은 뿔뿔이 흩어졌고, 권정생 집사는 어머니, 큰누나, 동생과 함께 외가에 잠시 머물다가 1947년 12월에 경북

1968년부터 15년간 산 일직교회 문간방

안동시 일직면 조탑리에 온 가족이 모여 농막을 짓고 소작농으로 살았습니다. 1948년 열두 살이 되던 해에야 겨우 동생과 함께 안동시 일직초등학교 1학년에 다시 네 번째로 재입학하게 됩니다. 일본에서 2차 세계대전을, 고국에서 6·25 한국전쟁을 잇달아 겪으며 뼛속 깊이 새겨진 전쟁의 참상은 훗날 그의 작품 속에 반전사상(反戰思想)사상과 생명 존중의 강렬한 메시지로 피어납니다.

어머니가 행상을 나간 사이 동생과 밥을 지으며 학교에 다닌 그는, 1954년 일직초등학교를 수석으로 졸업하고도 극심한 가난으로 중학교에 가지 못했습니다. 진학의 꿈을 포기할 수 없었던 그는 1년 동안 돈을 모아 중학교에 진학하기로 마음먹고, 산에서 나무를 해다 팔아 번 돈을 모아서 암탉을 사다 키웠습니다. 100마리 넘게 번식하며 희망에 부풀었으나, 전쟁통에 창궐한 전염병으로 닭들이 모두 죽고 말았습니다. 실패와 좌절을 딛고 다시 나무 장수, 고구마 장

1980년대에 다시 지은 일직교회 문간방과 새벽 종

수, 담배 장수를 전전하다 고학을 결심하고 부산의 재봉기 상회 점원으로 들어갔을 때도 그는 문학이라는 희망을 놓지 않았습니다. 헌책방에서 『젊은 베르테르의 슬픔』, 『죄와 벌』, 『레 미제라블』, 월간 잡지 『학원』 등을 사서 틈틈이 읽었고, 버려진 헌 포장지를 모아 '갑돌이와 갑순이'라는 동화를 썼는데 이후 '별똥별'로 발표되었습니다.

이렇게 1년 동안을 혼자 버티며 돈을 벌고 글을 읽고 쓰며 중학교에 진학하려고 했지만, 안타깝게도 폐결핵이 발병하여 앓기 시작하였고 급기야 늑막염으로 번져 쓰러질 지경이 되자, 어머니 손에 이끌려 안동 조탑리 집으로 돌아와야 했습니다. 이때부터 극심한 통증과 빈뇨로 밤잠을 설치는 고통의 세월이 시작되었습니다. 병세가 깊어져 1966년에는 일본에 사는 형이 돈을 보내줘 부산 성(聖)분도병원에서 한쪽 콩팥을 떼어 내는 대수술을 했고, 같은 해 12월 30일에 부산대학병원에서 방광을 제거하고 옆구리에 소변 주머니를 차야만 하는 대수술을 받았습니다. 퇴원 당시 의사는 2년을, 간호사는 6개월을 넘기기 힘들 것이라고 진단했습니다.

하지만 하나님은 이 고통받는 청년을 버리지 않으시고 손에 펜을 쥐여 주셨습니다. 그는 모두가 단명할 것이라 여겼던 그 시한부의

164

몸으로 무려 41년을 초인적으로 살았으며, 한국 아동문학의 지형을 바꾸고 생명의 끈기를 잃지 않은 작가로, 또 가장 낮은 곳을 향한 '작은 예수'의 삶으로 자신을 불태웠습니다. 평생 소변 주머니를 찬 채 아이들을 위한 아름다운 이야기를 펼쳐 가던 권정생 집사는, 2007년 5월 17일 오후 2시, 대구의 한 병원에서 의료사고로 갑작스럽게 하나님 품에 안겼습니다.

3. 예수 그리스도와의 만남과 평화를 추구하는 삶

권정생 집사는 일본에 살던 1941년, 다섯 살 무렵 누나를 통해 처음 예수님 이야기를 들었습니다. 그때 가슴에 품은 예수의 이름은 그가 하나님 품에 안기는 날까지 단 한 번도 흔들리지 않은 삶의 유일한 이유였습니다. 그는 대한예수교장로회(통합) 일직교회의 주일학교 교사이자 청년부 교사, 그리고 안수집사로서 평생을 철저한 순종과 정빈의 삶을 살았습니다.

그가 교회를 섬기며 예수를 믿었던 이유는 거창한 교리나 이념 때문이 아니었습니다. 그는 자신의 신앙을 이렇게 담담히 고백합니다. "내가 교회에 나가고 예수를 믿는 것은 예수가 사랑했던 들꽃 한 송이를 나도 사랑하고 싶고, 그가 아끼던 새 한 마리를 나도 아끼며 살고 싶기 때문이다. 구태여 큰소리로 외치며 전하는 복음이 아니라 바로 지금 내 곁에 함께 있는 가련한 목숨끼리 다독이며 살아가고 싶을 뿐이다." 그리고 "인간의 눈으로 봤을 때는 흉측한 것이더라도 하나님 보시기엔 아름다운 것이기에 친히 만드신 것이다. 이 세상을 인간의 눈으로 보지 말고 하늘의 뜻을 생각하며 살면 우리들의 세상은 훨씬 아름다워질 것이다"라고 하나님의 관점으로 세상을 바라보기를 원합니다.

1960년대 보릿고개로 고난의 길에 대한민국, 자신의 몸조차 가누기 힘든 결핵 환자 권정생에게 일직교회에서 내어준 허름한 문간방은 안식(安息)의 보금자리였고 야곱의 사닥다리였습니다. 그곳에서 그는 "하나님은 세상에 쓸모없는 것을 하나도 만들지 않으셨다"라는 뚜렷한 음성을 들었습니다. 어느 날 밤, 자다가 몸이 가려워 눈을 떠보니 생쥐 한 마리가 낡은 옷 속으로 파고들어 와 있었습니다. 처음엔 징그러웠지만 '얼마나 외롭고 추웠으면 내게까지 왔을까' 싶어 먹이를 주며 보살폈습니다. 나중에는 정이 듬뿍 들어, 생쥐가 나타나지 않으면 서운해서 밤새 기다릴 정도였습니다.

그는 교회 문간방에 살며 무엇이라도 궂은일을 감당하고자 예배 시간을 알리는 종지기를 자처했습니다. 하루가 시작되는 새벽, 그는 맨손으로 차가운 종 줄을 쥐었습니다. "새벽 종소리는 가난하고 소외받고 아픈 이가 듣고, 벌레며 길가에 구르는 돌멩이도 듣는데, 어떻게 따뜻한 손으로 칠 수 있어"라며 종 줄에 얼어붙은 얼음에 손이 꽁꽁 얼어 감각이 죽어가는 데도 그는 맨손으로 힘차게 종을 쳤습니다. 1982년 차임벨이 설치될 때까지, 그가 15년간 앙상한 맨손으로 울린 종소리는 잠든 마을을 깨우는 심장 박동이자 뭇 생명을 향한 축복의 메세지였습니다. 또 그는 하나님이 내면 깊숙이 담아 주신 글쓰는 재능을 발견하고, 주일이 되면 일직교회로 몰려드는 아이들을 모아놓고 불꽃 같은 열정으로 혼신을 다해 쓴 창작 동화를 들려주었습니다. 하나님은 병든 청년의 병약한 헌신과 온 마음으로 드리는 기도를 기쁘게 받으셨고, 마치 오천 명을 먹이고도 열두 광주리가 남는 '오병이어'의 기적처럼 한국 아동문학의 큰 나무로 우뚝 세워주셨습니다.

가난과 전쟁으로 가족은 뿔뿔이 흩어지고, 제대로 먹고 치료받지 못해 전신에 결핵균이 퍼져 시한부 인생을 살면서 그는 이대로 그냥 죽는 것이 못내 억울하고 가슴 아팠습니다. 남은 생명의 몫을 다하여 세상에 좋은 책 한 권은 남기고 싶었습니다. 무릎 꿇고 기도하던 자리에 표가 날만큼 하나님께 간절히 기도하며 쓴 동화, 그것이 바로 『강아지 똥』입니다.

권정생 집사와 교회에서 함께 생활하고 마지막 임종을 지켰던 일직교회 이창식 담임목사는 그를 이렇게 회고합니다.

"고(故) 권정생 안수집사님은 수줍음이 많고 부끄러움을 잘 타는 새색시 같은 분입니다. 병든 봄을 위해 따뜻하고 편리한 집을 마련하고, 좀 잘난 사람이라고 스스로 자랑해도 될 터인데, 아직 아둔한 사람이라 하셨습니다. 하나님이 주신 병든 몸, 주신 재능을 가지고 최선을 다하여 청지기의 삶을 온전히 살아 가시밭에 백합화처럼 그리스도의 향기로 현재가 되어 살아 움직입니다."

권정생 집사는 우리 곁을 떠났지만, 작고 여린 것에 대한 연민의 마음을 가지고 누구도 소외됨 없이 온전한 생명을 누리며, 누구와도 평화롭게 공존하고, 가난과 전쟁이 없는 세상, 순수한 웃음이 끊이지 않는 세상에 대한 그의 꿈은 작품 속에 고스란히 남아 숨 쉬고 있습니다.

"아름다운 인간성과 소외된 생명의 존엄성을 표현하고 싶습니다. 어른과 아이가 함께 읽으며 잃어버린 인간성을 되찾고, 조국 분단의 슬픔과 통일의 염원도 작품 안에 담고자 애쓰고 있습니다."

생전에 남긴 이 말처럼, 그의 모든 작품은 척박한 이 땅에 생명과 평화의 씨앗을 심고자 했던 간절한 기도이자 거룩한 소망이었습니다.

그는 새벽기도회 때마다 인류의 평화와 인간적 가치 존중을 위해 기도했습니다. 자본과 물질적 욕망이 어린이들에게서 순수함을 빼앗고, 인간의 숭고한 가치는 풍요로운 물질과 끝을 모르는 욕망에 잠식되어 질식되어 가고 있는 시대에, 아름답고 맑은 영혼의 소유자 권정생(權正生), 그의 이름은 언제나 흐트러짐 없는 '바른(正) 삶(生)'을 향한 꿈이 담겨 있는 거룩한 이정표입니다.

4. 동화를 통해 어린 영혼들에 싹 틔운 복음의 씨앗

권정생 집사가 아동문학계에 첫발을 내딛고 활동하던 1970년대

책상머리 앞에 있는 목각판

168

는 '반공'과 '조국 근대화'라는 국가적 이데올로기가 사회 전반을 강력하게 지배하던 시기였습니다. 당시 아동문학 역시 국가적 교육 목표에 순응하는 교훈주의나, 그저 한없이 맑고 착한 동심만을 추구하며 표현하는 '동심천사주의(童心天使主義)'에 빠져 있었습니다. 하지만 권정생 집사의 시선은 달랐습니다. 그는 전쟁의 참혹한 후유증에 시달리는 이들, 경제 개발이라는 거대한 자본주의의 수레바퀴에 밀려 변두리로 밀려난 이웃들의 삶을 있는 그대로 그려내는 '사실주의적' 글쓰기를 했습니다. 가난하고 소외된 이들에게 예수 그리스도의 무한한 사랑으로 희망을 전하고, 끈질긴 생명력으로 고난을 극복할 수 있다는 위로를 심어주었습니다.

그는 초등학교 졸업이 학력의 전부였고 문학을 체계적으로 배운 적도 없었으나, 하나님이 주신 특별한 달란트를 고독한 훈련과 독서로 갈고 닦았습니다. 그의 생각과 손끝에서 나온 글들은 마음속에 그리던 예수님의 형상을 작품을 통해서 보여줌으로써 어린 영혼들을 맑게 해주었습니다. 또한 예수님의 삶이 인류 역사상 최고의 가치 있는 삶이라는 것을 심어 주려고 무척 애를 썼습니다.

하나님이 주신 재능을 결코 땅에 묻어두지 않으려(눅 19:11-27), 그는 평생 소변 주머니를 옆구리에 찬 참혹한 육체의 고통 속에서도 묵묵히 원고지를 메워나갔습니다. 그의 작품 『한티재 하늘』을 읽노라면 억압받던 일제강점기 농민들의 눈물 어린 애환이 투박하고도 정겨운 경상도 사투리 속에 절절하게 녹아 흐르는 것을 볼 수 있습니다. 겉치레 없는 담백하고 진실한 그의 문장 앞에서는 어느 누구라도 감탄을 자아내지 않을 수 없습니다.

권정생 집사가 키우던 개, 이뻥덕

마치 예수님이 들판에 핀 백합꽃과 하늘에 나는 새를 보시며 설교하실 때, 복음의 현장에 있는 자연, 인간, 역사, 문화를 잘 이용하셨듯이, 권정생 집사는 예수님의 그런 시선을 가지고 사회적 약자들을 바라보며 그 아픔을 글로 표현하였습니다. 그것은 그의 내면에 예수님의 자비로운 마음과 인간에 대한 사랑의 철학이 꽉 차 있기에 가능하였으리라 봅니다. 물 위를 걸으셨던 예수님, 죽은 나사로를 살리신 예수님, 어린아이들이 예수님께 달려들 때 제자들은 제지하며 쫓아내려고 했지만, 오히려 예수님은 그들을 안고 축복하시며 설교의 모델로 삼으셨던 예수님의 마음이 가득 차지 않았다면 불가능한 일입니다. 그의 언어는 어눌하고 표현은 다소 어색할지 몰라도 그는 철저한 예수 그리스도의 참된 제자였습니다. 그는 물질만능주의에 오염된 교회를 거부하며 초대교회의 서로 섬기고 나눠주기를 기뻐했던 교회를 꿈꾸었습니다.

그는 조용하면서 타인에게는 관대하고, 자신에게는 엄격한 외유내강(外柔內强)의 지도자였습니다. 그는 어른이면서 어린이 마음을 잃지 않았던 아동작가였습니다. 특히 어머니에 대한 남다른 그리움과 고마움을 평생 안고 살아간 분입니다. 마지막 눈을 감으면서도 "어매 어매" 하며 어린아이처럼 여러 번 외치다 눈을 감았다고 합니다. 어머니를 그리워하며 쓴 시집 『어머니 사시는 그 나라에는』(1988)은 어머니에 대해 효도하지 못한 미안함과 먼 훗날 함께 살고

170

자 하는 애절함이 고스란히 담겨 있습니다. 육체적 고통과 순간순간 밀려드는 외로움과 고독함을 달래며 예수님의 말씀과 사상을 가슴에 품고 평생을 그대로 살아보려고 무던히도 애를 썼던 사람이기도 합니다. 그의 작품 속에, 삶의 현장에 그 흔적이 담겨 있습니다. 그가 유난히 어린이를 사랑하며 복음의 철학이 담긴 동화를 집필했던 이유는, 예수님께서 어린아이들에게 지대한 관심과 사랑을 쏟으시며 그들을 미래의 희망으로 삼으셨던 그 따뜻한 시선을 온전히 본받고자 했기 때문입니다.

그의 방 책상머리 앞에는 "좋은 동화 한편은 백 번 설교보다 낫다"는 말이 새겨진 목각판이 걸려 있습니다. 동화를 쓸 때 한 편의 설교문을 작성하는 심정으로 케리그마와 쉐마가 담겨있는 글을 써 내려간 것을 알 수 있습니다.

권정생 집사는 오늘날의 어린이 기독교 교육을 일찍이 시작한 분이기도 합니다. 그는 1960년대부터 이미 복음의 내용이 들어있는 창작 동화를 만들고 직접 읽어주면서 주일학교 어린이들에게 복음의 말씀을 효과적으로 심어 주기 위해 노고를 아끼지 않았습니다. 어린 생명들의 가슴에 예수 그리스도가 굳건히 세워지고 그분의 심장으로 살아가라고 외쳤던 분입니다.

하나님도 권정생 집사의 헌신과 수고를 기쁘게 보시고, 1969년 제1회 기독교 아동문학상에서 『강아지 똥』으로 최우수작에 당선됩니다. 이때 받은 상금 1만 원으로 염소 한 쌍을 사서 키우며 극심한 빈곤에서 조금이나마 숨을 돌릴 수 있었습니다.

빌뱅이 언덕아래 청년들이 지어준 집

"그 때에 제자들이 예수께 나아와 이르되 천국에서는 누가 크니이까? 예수께서 한 어린아이를 불러 그들 가운데 세우시고 이르시되 진실로 너희에게 이르노니 너희가 돌이켜 어린아이들과 같이 되지 아니하면 결단코 천국에 들어가지 못하리라. 그러므로 누구든지 이 어린아이와 같이 자기를 낮추는 사람이 천국에서 큰 자니라. 또 누구든지 내 이름으로 이런 어린아이 하나를 영접하면 곧 나를 영접함이니 누구든지 나를 믿는 이 작은 자 중 하나를 실족하게 하면 차라리 연자 맷돌이 그 목에 달려서 깊은 바다에 빠뜨려지는 것이 나으니라." *(마 18:1-6)*

이런 예수님의 말씀을 마음에 담아 삶의 방향에 지표로 삼았으리라 봅니다.

비 오는 어느 날, 권정생 집사는 처마 밑에 버려진 강아지 똥이 비를 맞아 땅속으로 스며드는 것을 보았습니다. 보통 사람이면 그냥

172

대수롭지 않게 넘어갈 수 있을 모습을 그는 그 모습을 '썩어져 가는 밀알'로 보았습니다. 비록 땅에 버려져 사람들에 더럽게 비치는 강아지 똥도 자신의 역할이 있듯이 인간에게는 누구든 하나님의 사명과 역할이 있다는 깨달음이었습니다. 그는 사람들이 더럽고 추하게만 보았던 강아지 똥을 보면서 남들이 보지 못하는 깊은 곳까지 들여다보았고, 천하고 낮은 위치에서 따뜻한 눈으로 세상을 바라본 것입니다. '강아지 똥'은 버려졌지만 봄비가 내리는 날 그 자리에서 민들레 싹을 만나게 됩니다. '강아지 똥'은 스스로를 희생해 거름이 되어 드디어 아름다운 민들레꽃을 피워 냅니다.

예수께서는 "참새 두 마리가 한 앗사리온에 팔리지 않느냐 그러나 너희 아버지께서 허락하지 아니하시면 그 하나도 땅에 떨어지지 아니하리라 너희에게는 머리털까지 다 세신 바 되었나니 두려워하지 말라 너희는 많은 참새보다 귀하니라." (마 10:29-31)고 말씀하셨습니다.

강아지 똥은 제 몸이 산산조각이 나서 완전히 사라질 것을 알면시도 민들레 뿌리를 꼭 끌이안습니다. 그리고 에쁜 민들레꽃이 피어날 수 있게 자신의 모든 것을 내어 줍니다. 아무짝에도 쓸모없을 줄만 알았던 자신이 어딘가에 꼭 필요한 존재가 될 수 있다는 것을 알았습니다. 강아지 똥은 참 행복했습니다. 비록 이 세상에서 사라졌지만 사실 영원히 남아 있다는 것을 알았습니다.

"한 알의 밀이 땅에 떨어져 죽지 아니하면 한 알 그대로 있고 죽으면 많은 열매를 맺느니라." (요 12:24)

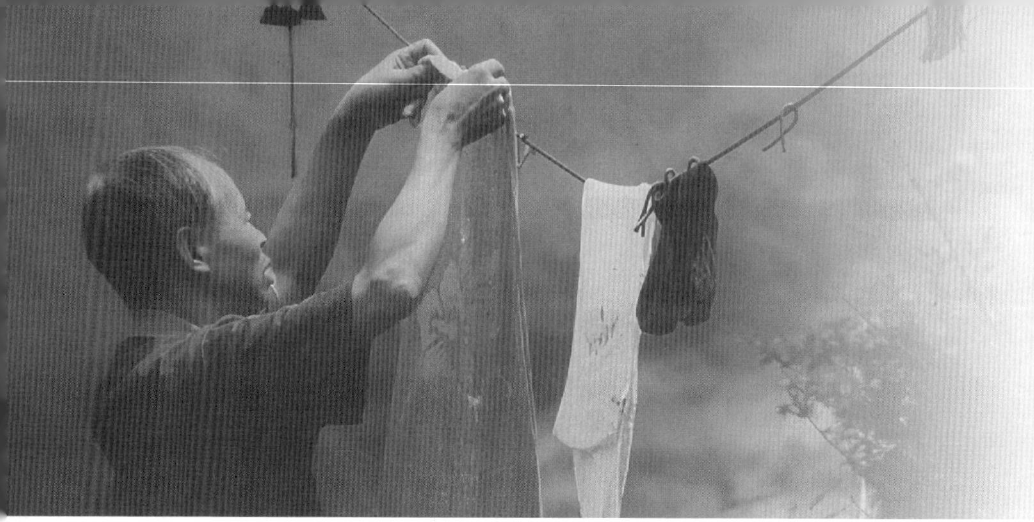

빨래를 널고 있는 권정생 집사

5. 권정생 집사의 영성, '청빈과 순결 그리고 일치된 삶'

권정생 집사의 대표작으로 『강아지 똥』과 『몽실언니』 등이 있습니다. 140편의 단편 동화, 5편의 장편 동화, 5편의 소년소설(단편 1편 포함), 100편이 넘는 동시와 동요 외에도 80여 편의 옛이야기를 재창작하고, 150여 편에 이르는 산문을 남겼습니다.

권정생 집사는 이 땅에 태어나 바른 청지기의 삶을 살다 하나님 앞으로 떠난 사람입니다. 수많은 독자들이 '선생님', '성자가 된 종지기', '아름다운 사람 권정생'이라 부르며 존경하고 따랐지만, 그는 흔들리지 않고 더욱 겸손하게 자신을 돌아보며 투철한 청지기의 삶으로 "선한 싸움을 싸우고 달려갈 길을 마치고" 믿음을 지킨 분(딤후 4:7)이라 할 수 있습니다. 하나님께서 권정생 집사를 세상에 보내실 때 주신 것은 연약하고 병든 몸뿐이었습니다. 그가 가진 것이라곤 병

174

든 몸의 일부가 되어 버린 옆구리의 소변 주머니가 전부였습니다. 지독한 가난의 대물림, 독신자로 변변한 친구조차 없는 극한의 외로움, 그 자체였습니다. 그래서 그는 어린 물오리가 내젓는 작은 갈퀴질에도 금방 부러질 듯한 약한 갈대였고, 갓난아기의 입김에도, 소녀의 눈물 한 방울에도 곧 꺼져 버릴 것 같은 연약한 심지였으며, 어느새 서산마루를 넘어가는 어스름한 저녁 인생이었습니다.

권정생 집사는 안동시 일직면 조탑리 마을에서 가장 가난한 사람이었습니다. 1983년, 일직교회 문간방에서 보낸 15년간의 생활을 정리하고, 마을 사람들이 가장 무서워하며 발길을 꺼리던 상여집이 있는 빌뱅이 언덕 아래에 교회 청년들이 5평짜리 토담집을 지어 주었습니다. 초라하기 짝이 없는 집으로, 실내에 화장실조차 없었습니다.

청년들이 실내 화장실을 지으려 하자, 그 돈으로 다른 집 화장실을 지어 주라며 집 앞 외진 곳에 소박한 화장실을 지어달라고 요청했습니다. 그의 마음속에는 항상 그늘진 사람들이 있었고, 사치는 죄악으로 여겼습니나. 최소한의 삶이 아름답다는 생각, 꼭 필요한 것만 쓰는 것을 원칙으로 삼았습니다. 예수님의 청빈과 검소를 일찍이 알고, 몸으로 살다 간 사람입니다. 1990년 당시, 한 달 생활비 5만 원이면 빠듯하고 10만 원이면 넉넉하다 여기며, 자신을 위한 지출은 최대한 아끼고 남을 위해 쓰는 것을 기쁨으로 삼았습니다. 모든 것이 하나님의 것이기에 가난한 이들에게 베풀고 어린아이를 사랑하는 데 재물을 쓰는 것, 그것이 그의 삶의 원칙이었습니다.

평생 스승이자 친구로 지낸 아동문학가 이오덕 씨에게 이렇게 편지를 썼습니다. "이사 온 집이 참 좋습니다. 따뜻하고, 조용하고, 그리고 마음대로 외로울 수 있고, 아플 수 있고, 생각에 젖을 수 있어요." 이오덕 씨는 병치레를 걱정하며 작은 아파트를 마련해 줄 테니 경기도 과천으로 올라오라고 권하였습니다. 그는 이렇게 답하였습니다. "지금 있는 곳이 가장 좋은데, 어딜 가겠습니까? 혼자 있으면 마음대로 아플 수 있고, 참 자유롭습니다."

세월이 흘러 유명한 동화 작가가 되었으니 사람들은 토담집도, 권정생 집사도 달라졌으리라 생각하였습니다. 그러나 토담집도, 그의 모습도 변함없이 그대로였습니다. 여전히 병들고 가난한 사람이었습니다. 그런데 한편으로는 안동시 일직면에서 세금을 가장 많이 내는 재산을 가지고 있었습니다. 그럼에도 "오른손이 하는 일을 왼손이 모르게 하라"는 예수님의 말씀을 따라 아무도 모르게 돌려주는 삶을 살았습니다. 그리고 이 땅에 올 때 받은 병든 몸만 지닌 채, 솔향기 날리는 오월 어느 날 "하나님이 안 계시고 예수님이 안 계시면 이 세상에서 내가 제일 불쌍한 사람입니다"라는 신앙고백을 남기고 천국으로 떠났습니다.

그가 세상을 떠났을 때 동네 사람들은 여러 번 놀랐다고 합니다. 보잘것없는 거지 노인인 줄 알았는데 장례식장에 훌륭한 분들이 많이 조문오는 것을 보고 첫 번째로 놀랐고, 유품을 정리하는 중에 예금통장에 12억 원이 예치되어 있었다는 사실에 두 번째로 놀랐으며, 남은 재산을 어린이들을 위해 써달라는 유언에 세 번째로 놀랐다고 합니다. 권정생 집사는 이런 유언을 남겼습니다.

"하나님께 1천만 원, 친척들에게는 1천만 원씩 나누어 주십시오. 모두 2억 원입니다. 장례 비용으로 300만 원을 쓰시고, 나머지 10억 원은 목사님과 신부님께 맡겨 어린이들을 위해 사용하게 해 주십시오."

10억 원을 교회에 헌금할 경우 땅을 사거나 건물을 짓는 데 쓰일 것을 염려한 까닭이었습니다. 자신의 책을 읽어 준 어린이들 덕분에 인세가 들어온 것이니, 불우한 어린이들을 위해 써달라는 뜻이었습니다. 십일조 생활도 남달라서, 일직교회 안수집사로서 헌금을 따로 구분 짓지 않고 모든 것이 하나님의 것이라는 철저한 청지기 의식으로 살았다고 합니다.

6. 맺는말

권정생 집사는 죽음을 예견한 듯 유언장을 작성하였습니다. 유언상이란 본래 엄숙하고 진정성이 담긴 무거운 내용을 담기 마련인데, 그의 유언장에는 장난기 어린 익살스러움이 엿보입니다. 그는 죽음을 별개의 것이 아니라 현세의 연장으로 보았고, 평생 육신의 병고에 시달리며 살아왔기에 주님의 품 안에서 편히 쉬고 싶다는 소망도 있었으리라 생각됩니다. 아래는 그 유언장의 내용입니다.

"유언장이란 것은 아주 훌륭한 사람만 쓰는 줄 알았는데 나 같은 사람도 이렇게 유언을 한다는 게 쑥스럽다. 앞으로 언제 죽을지는 모르지만 좀 낭만적으로 죽었으면 좋겠다. 하지만 나도 전에 우리 집

개가 죽었을 때처럼 헐떡헐떡거리다가 숨이 꼴깍 넘어가겠지. 눈은 감은 듯 뜬 듯하고 입은 멍청하게 반쯤 벌리고 바보같이 죽을 것이다. 요즘 와서 화를 잘 내는 걸 보니 천사처럼 죽는 것은 글렀다고 본다. 그러니 숨이 지는 대로 화장을 해서 여기저기 뿌려주기 바란다. 유언장 치고는 형식도 제대로 못 갖추고 횡설수설했지만, 이건 나 권정생이 쓴 것이 분명하다. 죽으면 아픈 것도 슬픈 것도 외로운 것도 끝이다. 웃는 것도 화내는 것도. 그러니 용감하게 죽겠다. 만약에 죽은 뒤 다시 환생을 할 수 있다면 건강한 남자로 태어나고 싶다. 태어나서 25살 때 22살이나 23살쯤 되는 아가씨와 연애를 하고 싶다. 벌벌 떨지 않고 잘 할 것이다. 하지만 다시 환생했을 때도 세상엔 얼간이 같은 폭군 지도자가 있을 테고 여전히 전쟁을 할지 모른다. 그렇다면 환생은 생각해 봐서 그만둘 수도 있다."

"내가 죽은 뒤에 다음 세 사람에게 부탁하노라. 최완택 목사(민들레교회), 이 사람은 술을 마시고 돼지 죽통에 오줌을 눈 적은 있지만 심성이 착한 사람이다. 정호경 신부(봉화군 명호면 비나리), 이 사람은 잔소리가 심하지만 신부이고 정직하기 때문에 믿을 만하다. 박연철 변호사, 이 사람은 민주 변호사로 알려졌지만 어려운 사람과 함께 살려고 애쓰는 보통 사람이다. 우리 집에도 두세 번쯤 다녀갔다. 나는 대접 한 번 못했다. 위 세 사람은 내가 쓴 모든 저작물을 함께 잘 관리해 주기를 바란다. 내가 쓴 모든 책은 주로 어린이들이 사서 읽는 것이니 여기서 나오는 인세를 어린이에게 되돌려주는 것이 마땅할 것이다. 만약에 관리하기 귀찮으면 한겨레신문사에서 하고 있는 '남북어린이 어깨동무'에 맡기면 된다. 맡겨놓고 뒤에서 보살피면 될 것이다."

　결론적으로 권정생 집사의 영성적인 삶에 대하여 몇 가지로 정리해 봅니다.

　첫째, 하나님이 주신 달란트인 글쓰기의 은사를 열악한 조건 속에서도 적극 활용하였습니다. 둘째, 평생을 가난과 질고의 고통 속에서도 강인한 생명력을 갖고 믿음으로 승리하였습니다. 셋째, 하나님을 향한 변함없는 믿음과 하나님의 세미한 음성을 기록으로 남겼습니다. 넷째, 하나님의 창조물인 자연에 대한 경외심과 섭리의 손길을 알고, 자연을 정복의 대상이 아니라 함께 살아가야 할 존재로 바라보았습니다. 세상에 쓸모없는 것은 하나도 없다는 하나님의 섭리론을 굳게 믿었습니다. 다섯째, 뛰어난 기억력으로 어린 시절부터 겪어 온 크고 작은 일들을 정확하게 기억하고 글로 남겼습니다. 여섯째, 평화를 향한 간절한 염원과 전쟁에 대한 거부 반응이 남달랐습니다. 일곱째, 외모는 왜소하고 연약해 보였으나 담대한 믿음이 있었고, 사물을 세밀하게 바라보는 관찰력이 남다르게 뛰어났습니다. 여덟째, 힘없고 외로운 녹거노인 같았지만 절대자 되신 하나님 앞에서 순결과 순종, 청빈을 몸으로 실천하며 살다 간 재가(在家) 수도사였습니다. 아홉째, 남겨진 재산이 많았지만 교만하거나 탐욕스럽지 않았고, 불우한 어린이와 이웃을 먼저 생각하였습니다. 모든 재물은 하나님의 것이라는 천재사상(天財思想)으로 살았습니다. 열째, 정직하고 솔직한 성품과 신전의식(神前意識, Coram Deo)의 신앙으로 하나님의 품에 안긴 분으로, 한국 기독교 영성사에 길이 남을 인물이라고 감히 평하고 싶습니다.

8. "한국의 그룬트비",
일가(一家) 김용기 장로 영성 이야기

1. 시작하는 말

인공지능 챗봇에게 "진정한 기독교 지도자는 어떤 사람이냐?"고 질문하였더니 아래와 같은 답변을 하였습니다.

첫째, 신앙적 예언: 기독교 지도자는 먼저 신앙적인 예언자로서 예수 그리스도의 가르침에 충실하고 성령의 인도를 받아 행동합니다. 그들은 성경에 기반한 참된 신앙을 가지며, 그 교리와 가치를 교인들에게 전파합니다.

둘째, 사랑과 연대: 기독교 지도자는 사랑과 연대의 정신을 실천합니다. 그들은 교인들과 사회적 약자를 돌보고, 어려움에 처한 이들을 돕는 봉사와 사회적 공헌을 통해 사랑의 본보기가 되고자 합니다.

셋째, 지혜와 인지: 기독교 지도자는 신앙적인 지혜와 지식을 바탕으로 문제를 해석하고 도전에 대응합니다. 그들은 사회, 문화, 정치 능 다양한 분야에 대한 이해를 바탕으로 현실적인 해결책을 모색합니다.

넷째, 협력과 소통: 기독교 지도자는 협력과 소통의 중요성을 이해하며, 교인들과의 소통을 통해 의견을 수렴하고 결정을 내립니다. 또한 타 종교나 사상과의 대화와 협력을 통해 평화와 이해를 추구합니다.

다섯째, 도덕적 가치를 지녀야 한다고 답하였습니다.

지금 우리나라는 지도자 빈곤의 상태에 직면해 있습니다. "홍수

가운데 식수가 없다"는 말처럼, 학식과 능력을 갖춘 지도자는 많아도 하나님의 뜻을 구하고 그 뜻을 삶의 현장에서 실천하고자 하는 기독교 지도자는 그리 많지 않습니다. 스승 빈곤의 시대라 일컫는 이때, 지금은 고인이 되었지만 민족의 큰 어른이자 언행일치의 참 지도자로서 많은 국민의 표상이었던 가나안농군학교 설립자 일가(一家) 김용기 장로(1909~1988)를 빼놓을 수 없습니다.

그의 삶은 방향 감각을 잃은 젊은이에게 큰 교훈과 도전의식을 심어 주었으며, 새마을운동 정신을 처음으로 고안하고 그 정신으로 살아간 모델이었습니다. 젊은 시절부터 그는 암울하고 혹독한 일제 식민 시대와 6·25 한국전쟁 속에서도 신앙의 지조를 지켰고, 전 국민이 올바르고 풍요롭게 살 수 있도록 정신 개혁을 강조하였습니다. 단순한 구호에 그치지 않고 자신의 삶의 현장에서 개혁적이고 절제된 삶을 실천한 지도자로, 오늘날에도 존경받기에 손색이 없는 기독교 지도자입니다. 그분을 바라보고 있노라면 그 작은 체구 어디에서 그런 당당함과 담대함이 뿜어져 나오는지 궁금함을 참을 수 없습니다. 아마도 개척의 종을 치고 새벽마다 부르짖는 깊은 기도 가운데 겹겹이 다져진 내적 영성의 힘이 아닐까 생각합니다. 하나님 외에는 어느 누구에게도 기개와 의지가 꺾이지 않았고, 당당하게 복음의 전도자로, 기도자로 살아가셨던 분입니다. 김용기 장로는 덴마크의 그룬트비 목사(1783~1872, 덴마크 중흥의 아버지, 국민 성격 개조 운동 및 농촌 부흥 운동의 창시자)와 같은 지도자로서 국민에게 끼친 영향력이 크기에, 그의 복민 운동과 영성적인 삶을 조명하고자 합니다.

2.출생과 성장 과정

일가 김용기

일가 김용기(1909~1988) 장로는 경기도 남양주시 와부면 능내리에서 아버지 김춘교와 어머니 김공윤 사이에 5형제 중 넷째로 출생하였습니다. 이하에서는 '일가'로 표기하겠습니다. 일가는 세 살 때 알 수 없는 병에 걸려 죽음에 이르게 되자, 어머니는 큰 걱정 가운데 지냈습니다. 용하다는 무당을 불러 굿을 하였지만 아무런 효과도 없이 돈만 낭비하고 말았습니다. 어느 날 집으로 오는 길에 뜻하지 않게 이웃 마을 용진교회 집사가 전도지를 건네며 "예수님을 믿기만 하면 무슨 병이라도 다 고칠 수 있습니다"라고 말하였습니다. 그 순간 어머니는 "옳지, 그러면 용기를 데리고 그 교회에 가야겠다"고 생각하고 교회가 어디에 있는지 물었습니다. "교회는 여기서 10리 길 되는 곳에 용진교회라고 있습니다."

이 말을 듣고 그 길로 교회를 찾아 나섰습니다. 그런데 아이가 숨을 크게 쉬면서 어머니를 부르더니 "엄마, 나 배가 고파서 더 못 걸어가겠어" 하였습니다. 어머니가 주위를 살펴보니 주막집이 있기에 주막집 주인에게 "우리 아이가 먹을 것을 자꾸 달라고 하는데 그냥 있을 수 없어서 이곳에 오게 되었습니다. 아주머니, 뭐 먹을 것이 있으

면 아무것이라도 주시면 좋겠습니다"라고 부탁하여 주먹밥을 얻어
먹이면서 전도지를 읽어 보았습니다. "하나님이 세상을 이처럼 사랑
하사 독생자를 주셨으니 이는 그를 믿는 자마다 멸망하지 않고 영생
을 얻게 하려 하심이라"(요 3:16)고 적혀 있었습니다.

그리고 또 걸어서 교회를 찾아 교회당에 들어가자, 그토록 아프
던 아이의 병이 금세 온데간데없이 사라졌습니다. 어린 일가의 병이
깨끗이 나아 집으로 돌아오자 그 동네에서 잔치가 벌어졌고, 온 가족
이 예수를 믿는 계기가 되었습니다. 그 후 10리나 되는 용진교회를
부지런히 다니면서 기독교 말씀의 진리를 깨닫게 되었습니다. 그토
록 고집이 세던 안동 김 씨들이 예수를 영접하였고, 믿음이 충만하여
봉안 마을에 1914년 봉안장로교회를 설립하였습니다. 이것이 발전
하여 봉안 이상촌을 이루는 모태가 되었습니다. 어린 김용기의 신유
체험은 유교적 양반 전통이 몸에 밴 안동 김 씨들을 하나님 앞으로
인도하는 출발점이 되었습니다.

청소년기의 세계 정복을 위한 야망

일가는 1930년 광동학교(廣東學校)를 졸업하였는데, 광동학교 설
립자인 여운형(呂運亨)선생과 긴밀한 관계를 맺으며 계속 스승으로
모셨습니다. 1937년에는 여운혁(呂運赫, 여운형의 6촌)선생과 의기투합
하여 이상촌 운동을 함께할 동료로 영입하였습니다. 열일곱 살이 된
일가는 난데없는 영웅심이 발동하여 인천 강화도 마니산으로 들어
갔습니다. 일찍이 세종대왕이 즉위하기 전에 이 마니산에서 사흘 동
안 기도하여 산을 세 번 흔들리게 했다는 전설 같은 이야기를 들었

기 때문입니다. 세종대왕도 똑같은 사람일진대 나라고 해서 산을 흔들 기백이 없을 것이며, 이 땅의 지배자가 못 되겠는가 싶은 호기가 발동되었기 때문입니다.

일가는 이 같은 생각을 소상히 글로 적어 잠드신 부모님 머리맡에 놓고 몰래 집을 빠져나와 강화도로 갔습니다. 마니산 중턱에 여승들만 기거하는 정수사라는 절에 짐을 풀고, 매일 새벽이면 마니산 정상을 향해 올라가 기도하다가 해 질 녘이면 배고픔을 참으며 터덜터덜 내려와 절로 향하였습니다. 그러나 사흘이 지나도 산은 전혀 움직일 기미가 보이지 않자 실의에 빠져 머나먼 서해의 수평선을 바라보며 "마니산아! 제발 부탁하니 흔들려다오"라고 혼자 중얼거리곤 하였습니다.

그때 정수사의 나이 많은 여스님이 시루떡을 주면서 어이없는 일가의 행동을 보고 놀리곤 하였는데, 그 말에 심기가 불편하였지만 기도에 온 힘을 기울였습니다. 기도를 시작한 지 47일째 되던 날, 그날도 마니산 꼭대기에 앉아 "내가 이 나라의 임금이 되지 않아도 좋으니, 지금까지 기노한 공보를 생각해서 한 번만이라도 흔들리는 시늉을 해주셔서 열일곱 먹은 이 사내의 체면을 살려 달라"고 빌었습니다.

날씨가 맑고 바람 한 점 없는 어느 날, 나무숲은 죽은 듯 잠잠한데 일가는 산이 흔들리는 것이 아니라 자신의 마음이 조금씩 흔들리는 것을 느꼈습니다. 산이 흔들린들 무엇을 하겠으며, 무모하게 기적이 일어나기를 바라는 자신의 소망이 참으로 어리석다는 것을 깨달았습니다. 그 후 "여기서 기도할 것이 아니라 돌아가서 일을 하자"고 생각을 고쳐먹고 짐을 싸 들고 경기도 남양주의 고향 집으로 돌아왔습니다.

중국에서 탕자의 깨달음으로 고향 땅으로 귀환

고향 집으로 돌아온 일가의 가슴에는 세계를 정복할 야망이 계속해서 불타올랐습니다. 어느 날 세계지도를 펴놓고 바라보면서 조선 땅은 너무나 좁아 일할 땅이 부족하다고 느끼고, 중국으로 가서 중국 땅을 정복하고 세계를 정복하자는 야망을 품었습니다. 당시 그의 아버지 김춘교 선생은 집에서 닭을 수백 마리 기르고 있었는데, 어느 날, 계란을 팔아 번 돈을 장롱 속에 넣는 것을 보았으니 제법 큰 돈이었습니다. 일가는 아버지에게 긴 편지를 써 놓고 그 돈을 가지고 서울로 가서 중국과 국경이 가까운 의주로 가는 열차를 탔습니다. 의주에서 압록강을 건너 중국 천진(天津)에 도착하여 심양으로 갈 계획을 세우고 일단 천진에 머물렀습니다. 천진은 영국, 프랑스, 일본의 조계 지역으로 외국의 문물을 마음껏 접할 수 있는 곳이었습니다. 스물이 채 안 된 일가는 그것들이 너무나 신기하여 "어떻게 해서든지 세계를 내 손에 넣어야겠구나!" 하고 다시 한번 가슴 깊이 굳게 다짐하였습니다.

심양 땅에 발이 닿자마자 마적단이 있는 곳을 찾아 나섰습니다. 마적단에 가입하여 두목이 된 후 그 힘을 이용해 세계를 지배하려는 생각이었습니다. 심양의 서탑이라는 동네에는 조선 사람들이 많이 살고 있었는데, 이곳에 머물며 독립 운동을 하는 조선 사람들 가운데 마적단과 내통하는 이들이 있다는 소문을 들었기 때문에 그들의 도움을 받으려 하였습니다.

일가는 하나님에 대한 믿음이 있었기에 어디를 가도 교회가 있는 마을에서 묵었으며 주일 예배에는 반드시 참석하였습니다. 서탑 동네에는 조선인 이성락 목사가 예배를 인도하는 교회가 있었습니다. 일가가 주일 예배를 마치고 나가려는데, 목사가 뒤따라 나와 "자넨 여길 어떻게 왔나?" 하고 물었습니다. 두루마기를 입고 객지 살림살이가 든 노란 가죽 가방을 들고 있었으므로 한눈에 떠돌이처럼 보였던 모양입니다. 이성락 목사에게 이러이러한 사연으로 마적단에 들고 싶은데 도와달라고 하였습니다. 목사는 그 말을 다 듣고 나서 "아, 그래, 잘 왔네. 자네가 예까지 왔으니 내 점심이나 사겠네" 하고는 등을 툭툭 치며 일으켜 세웠습니다. 그를 데리고 간 곳은 기름 냄새와 짠 냄새가 진동하는 시장 골목의 부침개 집이었습니다. 이성락 목사는 주인에게 "그 징빙 하나를 통째로 주시오"라고 하였습니다. 한 개로 두 사람이 먹어도 남을 텐데 통째로 달라니 웬일인가 싶었습니다. 이성락 목사는 그 뜨끈뜨끈한 징빙을 종이를 깔고 두 손바닥으로 받더니 대뜸 일가에게 넘겨주었습니다. 얼떨결에 두 손바닥을 펴서 받았습니다.

"자네, 이걸 복판에서부터 먹어보게." 이 목사는 일가의 눈을 바라보며 말하였습니다. 일가는 마음이 상하여 "어떻게 그렇게 먹을 수 있습니까? 목사님이 저를 놀리시는 겁니까?" 하고 따지듯 말하였습니다.

"이놈아! 떡 하나도 복판에서부터 못 먹는 놈이 세계를 복판에서부터 쉽게 먹으려고 들어? 지금 당장 조선으로 돌아가서 네 힘으로 조국부터 이끌어. 썩 돌아가지 못해!"

　이성락 목사의 말에 기가 꺾인 일가는 돌아가기로 작정하고 압록강을 건너 신의주를 거쳐 평양에 이르렀습니다. 모란봉의 부벽루에 올라 대동강을 바라보며 "욕망은 끝이 없고, 이루어지는 것은 없구나" 하며 부벽루 난간에 걸터앉아 긴 시간 생각에 잠겼습니다. 평양시청 문 앞에는 칼 찬 일본인 순사가 검문하고 있었는데, 평양시장이 되겠다는 생각으로 무턱대고 시청 앞을 두리번거리다가 순사로부터 "너, 무슨 볼일이 있느냐?"는 물음을 받고 마땅히 대답할 말이 없어 주저하고 있었는데, '저리로 가라'는 핀잔을 듣고는 마음이 상하여 을밀대로 갔습니다. 을밀대에서 하늘을 보고 누웠는데 조금 전 급히 먹은 냉면이 체하여 창자가 끊어질 듯이 아팠습니다. 근처에는 인적도 없고 도저히 일어나 앉을 수도 없었습니다. 교만한 야망에 눈이 어두워 그동안 기도를 잊고 있었던 김용기 장로는 아픈 배를 움켜쥐고 가까스로 무릎을 꿇고 앉아 기도하였습니다. "주여! 당신의 종이 오늘에야 당신의 이름을 부르고 있습니다. 이 교만한 종을 마음껏 벌하시고 당신 안에서 진실로 이 땅을 위해 순명할 수 있는 종이 되게 하옵소서, 주여!" 냉면 한 그릇을 통해 깊이 깨달은 일가는 탕자와 같은 심정으로 아버지가 손꼽아 기다리시는 고향 집으로 돌아왔고, 그 후로는 방황과 가출을 멈추었다고 합니

190

다.(눅 15:11-32) 또한 1927년 김봉희(金鳳嬉) 양과 결혼하여 슬하에 5남 2녀를 두었고, 마침내 안정적인 삶을 이어갈 수 있었습니다.

3. 농촌을 향한 봉안 이상촌 건설

선친의 영향

흔히 조선 왕조가 많은 사회적 문제를 안고 있었음에도 500년이라는 긴 수명을 누릴 수 있었던 것은 처사(處士)라 불리는 지도자가 있었기 때문이라고 정치학자들은 말합니다. 정치 체제가 오래 유지되려면 상하좌우 간의 의사소통이 원활해야 하는데, 그 의사소통을 매개하는 중간 역할자가 바로 처사였습니다. 처사는 서민과 최고 지배자 사이의 중간 통로(通路, channel) 역할을 담당하였습니다. 이들 처사라 하는 양반들이 조선 500년을 유지하는 데 중요한 역할을 하였다고 합니다.

일가의 부친 김춘교는 전형적인 조선의 처사였습니다. 처사는 양반이면서도 그 지역사회의 양심적인 지도자로 농민과 더불어 살면서 그들의 애환을 왕(통치자)에게 직접 고할 수 있었고, 왕은 그들의 보고를 신뢰하는 존재였습니다. 처사 김춘교는 특별히 세도정치(勢道政治)로 원성이 높았던 안동 김 씨의 후손으로, 과거의 잘못을 진심으로 뉘우치며 살았습니다. 그는 대단히 근엄하면서도 양심적이었고, 마을 사람들을 지극히 사랑하는 지역사회 지도자로서 성실한 삶의 본을 보여 준 인물이었습니다. 흔히 처사 김춘교는 한학을 공부하고 농사를 짓는 양반이었기에 보수적 성향이 강할 것이라 생각하기 쉬우나, 오히려 개화적인 인물이었습니다. 아마도 기독교에 심취해 있었기에 쇄국주의 보수파들과 달리 세상을 보는 안목이 넓었던 것으로 짐작됩니다. 이러한 부친 김춘교의 사회적 덕망과 인품을 갖춘 처사로서의 영향력이 장차 일가가 지도자로 성장하는 데 모범이 되었다고 볼 수 있습니다. 즉 "지도자가 되려면 반드시 신뢰와 존경을 받는 사람이 되어야 한다"는 점입니다.

"일하기 싫으면 먹지도 말라"는 성경과 아버지의 교훈

처사 김춘교가 안동 김 씨의 후손임을 부끄럽게 생각한 이유는, 당시 양반들이 불한당(不汗黨, 땀 흘려 일하지 않고 남의 수고로 얻은 것으로 살아가는 사람들)이었고 자신 또한 대표적인 세도 정치가인 안동 김 씨의 후손이었기 때문입니다. 일가는 아버지 김춘교로부터 "놀고먹는 사람이 되지 말고 열심히 일하며 사는 사람이 되라"는 교훈을 자주 들었고, 성경을 통해서도 배웠습니다. 이런 영향으로 일가는 "일하기 싫으면 먹지도 말라"는 성구를 평생의 좌우명으로 삼고 살았습니다. 당시에는 아침에 만나면 "진지 잡수셨습니까?"라고 인사하였습니다. 어제 저녁 굶지 않고 먹었는지가 가장 먼저 염려되던 시절이었으니, 극심한 가난이 일상적인 인사의 상징이 되어버린 것입니다. 처사 김춘교는 이 백성에게 먹을 것을 주어야 한다고 강조하였고, 그러자면 자식들이 농부가 되어 먹을 것을 생산해야 한다고 생각하였으며 그렇게 당부하였습니다.

그의 아버지가 자식들에게 농민이 되라고 한 데는 세 가지 이유

가 있었습니다. 하나는 앞서 설명한 대로 놀고먹던 조상들의 죄를 대신 갚아야 한다는 것이었고, 다른 하나는 이 백성에게 먹을 것을 주는 것이 가장 큰 애국이라는 것이었습니다. 더욱이 배운 사람이 농사를 잘 지어 식량을 많이 증산하는 것이 주권을 회복하는 첩경인데도, 조금만 배웠다 하면 도시로 나가 출세하려 한다고 걱정하였습니다. 일가는 이러한 아버지의 뜻에 따라 평생 농사꾼으로 살았습니다. 농사야말로 배운 사람, 똑똑한 사람이 도전해 볼 만한 직업이라는 생각을 하게 되었고, 이 같은 의식의 전환은 그에게 대단히 큰 사건이었습니다.

이상촌 건설을 향한 첫걸음

일가에게 있어서 중요한 것은 이상촌을 통한 가나안 운동이었습니다. 이상촌 운동은 크게 세 단계의 발전 과정으로 나누어 볼 수 있습니다. 첫 단계는 1933년 봉안 이상촌 운동으로부터 경기도 용인 고등농민학원과 복음 농도원의 1961년까지로, 민족주의 기독교 농민 공동체 운동 단계입니다. 두 번째 단계는 1962년 경기도 하남시 제1가나안농군학교와 강원도 원주시 제2가나안농군학교를 거쳐 현재에 이르는 국민 교육 운동 단계입니다. 세 번째 단계는 1992년 방글라데시 절마리 가나안농군학교 개교를 계기로 인류의 보편적 문제인 빈곤 문제에 참여하는 국제화 단계입니다.

봉안 이상촌 운동은 당시 최대의 현안이었던 빈곤 문제 해결을 위해 시작되었습니다. 빈곤으로부터의 해방은 일제 강점기하에서 민족주의 운동과 결부될 수밖에 없었고, 그 궁극적인 목표는 삼천리 강토 위에 지상 낙원을 건설하는 것이었습니다. 에덴동산을 이 땅에 재현하는 것을 이상으로 삼았습니다. 당시 항일 독립 운동과 잘 살기 위한 민족 운동은 방법이 다를 뿐, 복된 민족이 되어 잘살아 보겠다는 겨레의 염원이라는 점에서 같은 것이었습니다.

우리 민족이 일본 침략자들의 혹독한 식민 정책으로 신음하던 때에, 도산 안창호 선생과 남강 이승훈 선생 그리고 많은 독립투사들이 조국의 독립을 위하여 이상촌 운동을 전개하였으나, 일제의 혹독한 탄압으로 중단되었습니다. 그 이상촌 운동이 명맥을 유지할 수 없을 무렵인 1930년대에 김용기 장로가 홀연히 일어나 고향에 봉안 이상촌을 건설한 것입니다. 그는 당시 우리나라 인구의 85%를 차지하는 농민들에게 잘 사는 길을 보여주고, 그를 따르는 농민들에게 힘과 희망을 주려고 애썼습니다. 일가는 황무지와 같은 미개척지 땅을 매입하여 개간하고 잘 가꾸어 기름진 옥토로 만드는 개척자의 길을 걸었는데, 이를 알지 못하는 마을 주변 사람들은 비웃고 조롱하였습니다.

"우리가 이곳 황산에 이사 온 지(제1가나안농군학교) 7년 만에 모든 판가름이 났다. 당시에 우리를 비웃던 그 사람들 스스로 평가를 내렸다. 우리 집은 발전했고 더욱 번성해 나갔다. 황무지가 변하여 기름기가 흐르는 옥토가 되었다. 모든 작은 것들은 그 7년 동안 자라서 큰 것이 되고 없던 것들이 있게 되고, 피땀은 꽃이 되었다. … 우리 농장의 평수가 모두 1만 평이고 가족 8명이니 영토 1만 평, 인구 8명의 나라이고 그 통치자가 나였기에 내가 대통령이 아니요? 큰아들은 국무총리고 둘째 아들은 농림 장관이고, 며느리는 보건 사회부 장관이요. 셋째 아들은 축산 국장, 둘째 딸은 양초 계장이요."

일가가 모델로 삼았던 것은 1927년 YMCA의 신흥우와 홍병선 그리고 이화학교 김활란 학장이 소개한 덴마크 농민 운동이었습니다. 그들은 덴마크 농민 공동체의 신용 협동조합과 농촌 개량, 교육 운동을 소개하였고, 또한 이를 가능하게 한 정신적 원동력으로서의 기독교 믿음을 강조하였습니다. 김용기 장로는 덴마크 기독교 농민 공동체의 성공 모델을 토대로 자신의 기독교 농민 공동체인 이상촌을 통해 덴마크와 같은 이상적인 나라를 건설하고자 하였습니다. 그 공동체는 신앙을 토대로 빈곤을 극복해 나가는 공동체였습니다.

"오곡이 익어가며, 과수들의 꽃이 만발하고, 벌과 나비가 춤을 추

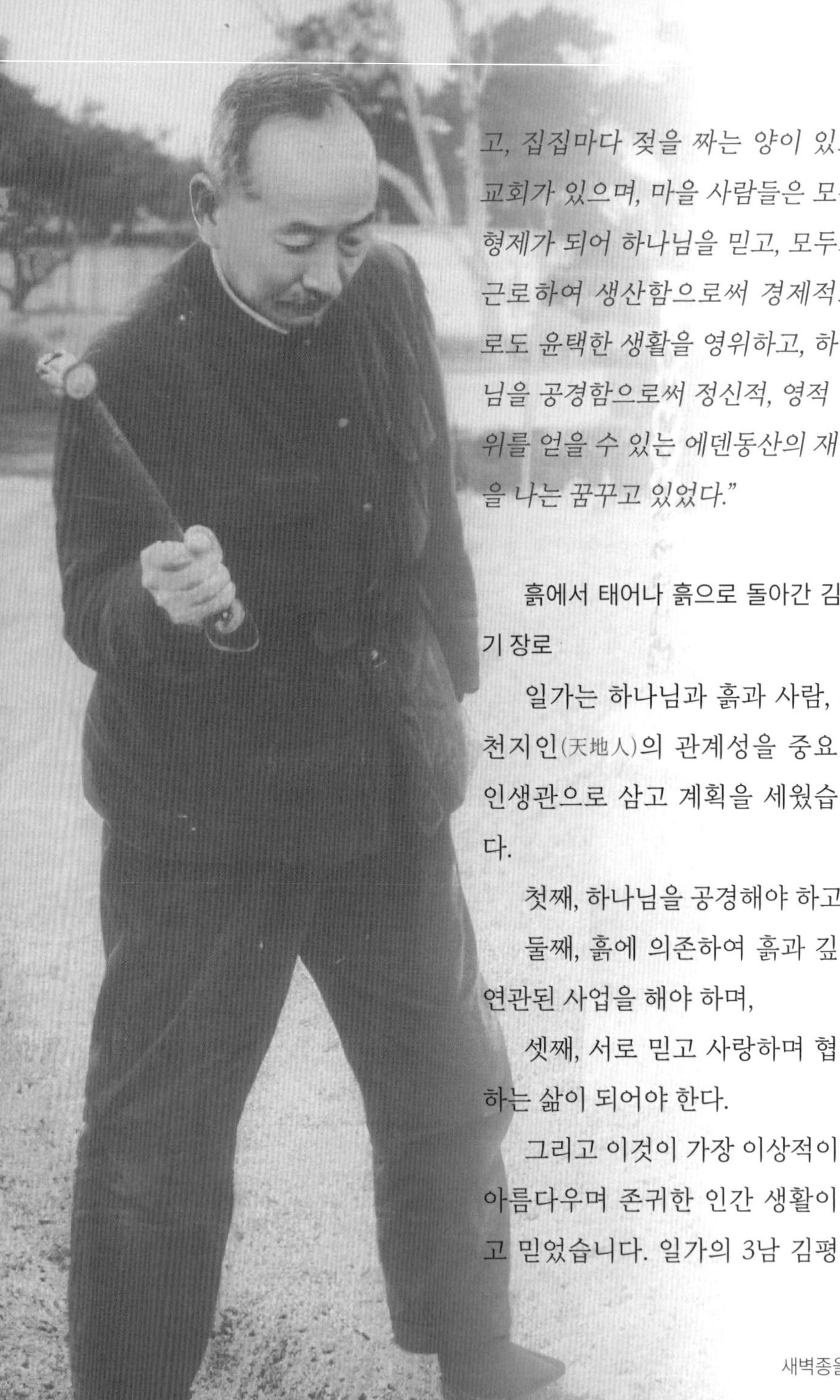

고, 집집마다 젖을 짜는 양이 있고 교회가 있으며, 마을 사람들은 모두 형제가 되어 하나님을 믿고, 모두가 근로하여 생산함으로써 경제적으로도 윤택한 생활을 영위하고, 하나님을 공경함으로써 정신적, 영적 안위를 얻을 수 있는 에덴동산의 재현을 나는 꿈꾸고 있었다."

흙에서 태어나 흙으로 돌아간 김용기 장로

일가는 하나님과 흙과 사람, 즉 천지인(天地人)의 관계성을 중요한 인생관으로 삼고 계획을 세웠습니다.

첫째, 하나님을 공경해야 하고,

둘째, 흙에 의존하여 흙과 깊이 연관된 사업을 해야 하며,

셋째, 서로 믿고 사랑하며 협조하는 삶이 되어야 한다.

그리고 이것이 가장 이상적이고 아름다우며 존귀한 인간 생활이라고 믿었습니다. 일가의 3남 김평일

새벽종을 치는 김용기 장

장로는 그의 저서에서 이렇게 밝히고 있습니다.

"아버지는 변함없이 농사꾼으로 일했다. 고향이 어느 정도 살 만한 촌이 되었을 때 아버지는 그곳을 믿을 만한 사람에게 맡기고 서울 종로구 구기동(당시 경기도 고양군 구기리)으로 옮겼다. 그리고 다시 경기도 용인군 원삼으로 옮겨 지금의 가나안 농장을 개척하기 시작했다. 그러는 동안에 광복도 맞았다. 6·25도 겪었다. 그러나 언제나 아버지는 땅을 버리지 않았으며 그곳에서 일했다. 땅이 아버지의 미쁜 반려였다고나 할까."

이스라엘의 12명 정탐꾼 중 하나인 갈렙은 가나안에 입성하여 85세의 노년에도 토지를 분배할 때 여호수아에게 당시 모든 지파가 기피하는 헤브론 지역을 달라고 파격적으로 요구하였습니다.(수 14:6) 일가는 갈렙의 리더십을 갈망하며 일생을 행동으로 옮겼으리라 여겨집니다.

4. 성경적 가르침을 몸으로 실천한 지도자

일가가 평생 비전을 제시받고 행동하였던 말씀은 마태복음 6장 33절입니다. "그런즉 너희는 먼저 그의 나라와 그의 의를 구하라 그리하면 이 모든 것을 너희에게 더하시리라." 개인적인 축복을 구하기보다는 하나님의 말씀이 민족 가운데 흥왕하여 그 말씀으로 공의가 바로 서고 하나님의 백성이 복을 받는 나라를 꿈꾸어 왔습니다. 한 손에는 성경을 쥐고 한 손에는 괭이를 들고, 머리에는 애국의 면류관을 쓰고, 허리에는 겸손의 띠를 두르고, 발에는 개척의 신발을 신고, 복민 조국의 건설을 위하여 80평생을 살았습니다.

일가는 깨달은 바를 실천에 옮기는 데에 있어서 타의 추종을 불허하였습니다. 농촌을 회피하는 현실에서 주저 없이 농촌을 삶의 터전으로 잡았으며, 농촌에 소망이 있다는 믿음의 눈으로 미래를 바라보고 헌신의 삶을 살았습니다. 그리고 그의 사상은 1970년대에 농촌 개혁과 국가 발전의 정신적 원동력이 된 새마을운동의 정신적인 요체로 발전하였습니다.

세상에는 하나님의 부르심을 받은 소명자가 있고, 민족의 선택을 받은 사람이 있는데 그를 창조적 소수라고 한다면, 일가는 분명히 거기에 속할 것입니다. 이 세상에서 제일 어려운 일 중의 하나는 자신의 가족들과 사상, 이념, 신앙을 공유하고 감화시키면서 목표하는 일에 함께 매진해 가는 것입니다. 일가의 가족 11명이 하나님께서 소명자로 부르신 장로님의 인격과 지도에 따라 동고동락(同苦同樂)하며 일사불란하게 협력한 것은, 일가의 과감한 리더십과 개척자의 고매한 인격 그리고 변함없는 언행일치의 삶이 이루어 낸 결과라고 할 것입니다.

5. 복민 운동을 통한 한국 사회 개혁 운동의 출발점

일가는 아들들이 외부에서 새로운 농작물 재배법이나 정보를 배워 들어오면 "배워 가지고 오는 것은 좋지만, 그 대신 네 것(신앙심)을 놓고 와서는 안 된다"고 이르면서 현재의 환경과 자신의 정체성을 잃지 말라고 당부하였다고 합니다.

일가의 가정 일과표를 보면 새벽 4시(겨울에는 5시) 종소리에 맞춰 일제히 기상합니다. 일가는 새벽종을 타종하는 담당자로 항상 가족들보다 10분쯤 먼저 일어났습니다. 기상과 동시에 새벽 예배를 드리고 운동과 집 안팎의 청소, 세면 후 아침 식사를 합니다. 8시에 식사가 끝나면 30분 동안 휴식을 취하고 각자 분담된 일을 시작합니다. 하루 업무는 가족 모두가 미리 생각하여 함께 계획을 세우고 각자 분담합니다. 12시~오후 1시까지는 점심, 1시~2시까지는 라디오를 듣거나 독서를 하고, 2시부터 다시 일을 시작합니다. 6시~7시까지 저녁 식사, 7시~10시까지는 독서와 신문 읽기, 라디오 듣기 등으로 휴식을 취하고 10시에 일제히 취침합니다.

일가는 가정 경제의 책임을 담당하였으며, 재정 관리를 철저히 챙겼습니다. 모든 가족은 단돈 1원도 일가의 결재가 없으면 지출하지 않았습니다. 지출하고 남은 잔액은 반드시 반환해야 하였고, 40세가 될 때까지 교통비를 직접 신청하여 받아씀으로써 헛된 지출을 막았습니다.

일가의 손자 김장생 박사는 "김용기 장로는 사회 변화와 조직 운영 체계의 변화에 맞춰 지역 공동체 평생 교육의 방식을 적절하게 변용하였고, 내용과 방법 면에서 공동체적 가치를 지속적으로 강조하였습니다. 김용기 장로의 생애와 사상은 세계화 시대 생태적, 자립적인 지역 공동체를 추구하는 지역 공동체 평생 교육의 발전을 위해 매우 큰 의미가 있습니다"라고 평가하고 있습니다.

6. 김용기 장로의 영성 이해

예수 그리스도를 향한 초지일관(初志一貫)의 신앙 여정

일가는 27세에 봉안교회 장로로 취임한 후 일제에 항거하며 신앙의 지조를 지키기 위해 수많은 고초를 겪었습니다. 일제 말기에 광적으로 강요하던 신사참배, 동방 요배, 정오 묵도, 창씨 개명 등에 단한 번도 응하지 않은 것으로 유명합니다. 신사참배와 국민의례 거부로 수차례 끌려가 고문을 받던 중, 당시 양주경찰서 고등계 차석이던 경찰과 이 문제로 시비하던 끝에 일본인 고등계 주임 다치에게 끌려갔습니다. 그 역시 한바탕 고문을 가한 후, 다른 사람들은 다 국민의례를 하는데 유독 그만 하지 않는 이유가 무엇인지 다그쳤습니다. 일가는 이렇게 대답하였습니다.

"다른 사람들은 다 한다고 하지만 그것은 억지로 하는 것에 불과한 것이요. 조선 사람이 일본인이 될 수 없는 것은 반대로 일본인이 조선인이 될 수 없는 것과 마찬가지요. 억지로 마지못해 하는 것뿐인데, 그렇게 하는 것은 차라리 하지 않는 것만도 못한 것이오. 가령 묵념하면서 속으로 천황 폐하를 욕하는지 어쩌는지 누가 알겠소? 사람 마음속을 측정하는 기계가 있다면 모르지만, 그러니 차라리 하지 않

으면 천황 폐하도 욕을 먹지 않고 내가 믿고 있는 하나님도 욕되게
하지 않는 것이니 서로 좋을 것 아니오?”

그러자 형사는 “네 말이 옳다, 그런 따위로 하는 국민의례라면
당연히 그만두는 것이 낫겠다” 하고 말하였습니다. 그리고 자기 입
장이 곤란하게 되니 다른 교회에는 그런 말을 하지 말고 일가의 교
회만 하기 싫으면 그만두라고 하였고, 해방될 때까지 다시는 그 교회
에 그런 일을 강요하지 않았다고 합니다.

김용기 장로의 복민주의 신앙관

일가의 영성적 이해는 일반적으로 그가 애용하였던 말인 ‘복
민’(福民), 즉 하나님의 복 받은 백성이라는 의미와 연관 지어 복민 사
상 또는 복민주의라고 할 수 있습니다. 그 의미는 문자 그대로 복음
에 따라서 복 받은 사람, 혹은 받고 있는 사람, 그리고 앞으로 받을 하
나님의 백성으로서 복이 임하는 과거와 현재, 미래를 아우르고 있다
고 볼 수 있습니다. 영성이란 하나님의 복음에 따라서 사는 자로서
복 있는 사람의 모습이라 할 수 있습니다. 달리 표현하면 복민적 영
성은 역사적 현실을 제대로 파악하고, 여기에 맞추어 복음을 재해석
하여 그에 따라 결단하고 살아가는 것입니다.

일가의 복민주의 영성은 두 가지 틀로 볼 수 있습니다. 첫째는 가
장 급진적으로 역사적 현실을 수용하는 동시에 가장 급진적으로 역
사적 현실을 거부하는 복음의 양면성입니다. 복음의 상황화는 필연
적으로 복음의 역동성 상실을 초래하는 문제를 안고 있어서, 이를 극

복하기 위해서는 상황화된 복음을 거부하는 자기 성찰이 중요합니다. 이는 급진적으로 세상을 거부하는 복음의 모습으로 등장합니다. 따라서 양면성의 균형이 중요합니다. 이는 조화로운 평균보다는 변증법적인 틀을 통해서 이해하는 것이 더 적절한데, 조화의 평균은 복음의 날카로운 검과 같은 양면성을 무디게 만드는 타협성의 문제를 안고 있기 때문입니다.

일가는 이 점을 그의 가나안 복지 개념에서 잘 나타내고 있습니다. 기독교인은 이 세상에서 적극적이고 개혁적으로 세상을 변화시키는 삶을 살아야 하는 의무를 가지고 있지만, 동시에 이 세상을 초월하여 종말론적인 다른 세계로 나아가는 궁극성을 잊지 말아야 함을 강조합니다. 그래서 가나안 복지를 살아가는 기독교인들은 하나님 나라의 완성을 이 세상에서 완전한 모습으로 이룰 수는 없지만, 그 나라의 맛을 볼 수는 있습니다.

둘째, 그의 복민 사상은 제3의 길(The Third Way)이라는 틀로 이해됩니다. 당면 문제를 해결할 때 우리는 종종 진퇴양난의 막다른 골목에 처해 있다는 경험을 합니다. 이때 복음은 제3의 길이 있음을 영적으로 깨닫게 해줍니다. 이것은 집단과 개인에 이르기까지 우리 삶의 모든 영역을 포함합니다. 논리적으로는 해결이 안 되어 차선의 방법밖에 대안이 없는 상태에서도, 복음을 통해 최선이 존재하고 그것이 가능하다는 것을 증거하는 것입니다.

김용기 장로의 개인적 실천 영성

그는 개인적으로 엄격하면서도 경건한 영성의 생활을 실천하였습니다. 기도와 노동은 그의 영성 생활의 핵심적인 가치였습니다. 새벽 4시에 일어나고 밤 11시에 자리에 들었으며, 하루에 반드시 2시간씩 기도하였습니다. 음식 한 끼에 적어도 4시간씩 노동을 실천하면서 타인의 본이 되어 살아가신 분입니다. 개인 기도 외에 따로 행한 이 2시간의 기도는 나라와 민족을 위한 울부짖음의 애국의 기도였으며, 그중에는 북한 김일성이 그리스도인이 되게 해달라는 기도도 쉬지 않고 하였습니다. 그는 해방 전후에 몽양 여운형 선생과 함께 북한에 가서 김일성을 만난 적이 있었고, 그때 그런 필요성을 느꼈기 때문입니다. 평생 농사일을 하였으므로 육체적으로 힘든 삶을 살았으며, 과로로 인해 간 질환이 지병이 되어 결국 그로 인해 세상을 떠나게 되었습니다.

그에게 노동은 저주의 고통이 아닌 하나님 구원의 축복이자 창조적인 행위였으며, 가장 신성한 것으로 여겼습니다. 그는 따로 운동하는 것을 권하지 않았는데, 운동할 여력이 있으면 그 힘과 시간으로 일하면 운동도 되고 생산적인 결과도 가져온다고 생각하였기 때문입니다. 등산 같은 운동도 그에게는 하나님 나라를 이루기 위한 거룩한 힘의 낭비에 불과하였습니다. 노동은 신성하였으므로 김을 매는 일 하나하나에도 깊은 의미를 부여하였습니다. 잡초 하나하나를 뽑을 때마다 자신의 죄악을 하나씩 뽑는 마음으로 임하였다고 합니다. 여가 시간에 월드컵 축구나 국가 대항 축구도 보지 않았는데, 시간의 낭비에 불과하다고 보았기 때문입니다.

근면하고 검소한 생활을 엄격히 실천하였습니다. 식단에는 1식 3찬의 규칙이 엄격하게 적용되었고, 식단의 내용은 건강을 위한 과학적 영양 분석을 토대로 작성하였으며, 검소하고 간결한 메뉴였습니다. 밥 한 알도 남겨서는 안 되었고, 반찬 역시 마찬가지였습니다. 옷은 중국 국민복과 유사한 복장으로 일할 때나 예배할 때나 통일하여 입었으며, 신발은 고무신, 겨울에는 털실로 짠 소박한 신발을 신었습니다. 치약은 3mm 이상을 짜서는 안 되었고, 비누도 3번만 문지르고 세수하도록 하였습니다. 물도 엄격히 아껴 쓰도록 하였으니, 하나님의 재산을 낭비하는 것은 죄악으로 보았기 때문입니다.

집은 간소하게 지었으나, 봉안 이상촌 시절의 집은 위에서 볼 때 십자가 모양의 독특한 형태였는데 이는 그의 실천적 의지를 보여줍니다. 사회에서나 기독교인들 사이에서 당연하게 여기는 예절이나 의식 중 많은 것을 문제로 보았습니다. 돌이나 생일, 환갑이나 칠순 같은 것들은 다 무의미한 것이었기에 없애 버렸습니다. 인간이 그날을 만들어 스스로 즐기고 기뻐하는 것은 신앙과 아무 상관이 없다는 것이었으며, 허례허식으로 낭비와 부작용이 심하므로 과감하게 없애 버렸습니다. 하나님의 시간만이 진정한 시간이라고 여겼기 때문입니다.

김용기 장로의 기도문

기도는 그리스도인이 평생 누리며 살아야 할 삶의 원동력입니다. 그리스도인은 기도 없이는 절대로 살 수 없으니, 하나님의 도우심이 없이는 살 수 없는 연약한 존재이기 때문입니다. 하나님의 자녀가 하나님 앞에서 기도하는 모습은 참으로 귀하고 아름다운 것입니다. 크나큰 아픔과 고난 속에서, 슬픔의 자리에서 미래에 이루어

막사이사이상을 수상하는 김용기 장로

질 하나님의 역사의 전 과정을 바라보는 기도의 내용을 보면, 하나님과의 영적 관계와 심리적·정서적 상태가 드러날 뿐만 아니라 신앙의 현주소가 적나라하게 드러납니다. 일가의 기도문을 보면 젊은 시절 세속적인 야망을 품고 방황하던 그가 탕자의 모습으로 하나님 앞으로 돌아와, 다시는 반복하지 않기 위하여 처절하게 몸부림치며 순종하려는 모습을 여러 대목에서 엿볼 수 있습니다.

"가야 할 길이 아니면 다리를 꺾어서라도 가지 말게 하옵시고, 행치 말아야 할 일이라면 제 눈을 멀게 하여 그 자리에 쓰러지는 한이 있더라도 행치 않게 하옵소서. 아버지! 오직 당신께서 저를 이 땅에 보내신 그 뜻대로 살도록 하옵소서."

"주여! 이런 사람이 되게 하소서."

한마디의 말이 약속어음으로 대용되는 사람

의지가 돌같이 굳고 무거워서 작은 일이나 큰일에 마음이 흔들리지 않는 사람

무슨 일이든지 일정한 연구와 의견을 가지고 있으면서 앞으로 발전해 가는 사람

작은 일에도 큰일처럼 충성스럽게 실행하는 사람

자기 개인을 위한 야심이 아니라 인류와 사회와 이웃을 위하여 큰 포부로 봉사하려는 마음이 불타는 사람

용기와 과단성과 적극성을 가진 사람

좋은 기회를 놓치지 않고 민첩하게 행동하여 자기가 해야 할 일을 유감없이 행하는 사람

사람들이 다수 모인 가운데서도 자기의 의지와 개성을 잃지 않고 뚜렷이 드러낼 수 있는 사람

아무리 낮고 천한 직업이나 노동이라도 부끄러워하거나 열등감을 갖지 않고 떳떳이 일할 수 있는 사람

일하다 실패를 거듭해도 불평과 낙망을 하지 않고 씩씩하고 기쁜 마음으로 인내할 수 있는, 경건하고 깨끗한 마음을 가진 사람

겸손하고 지혜로운 사람

모든 일을 반석 같은 믿음으로 이끌어 가는 사람이 되게 하소서.

아멘.

일가가 평소 즐겨 부르는 찬송가는 305장으로 "나 같은 죄인 살리신 주 은혜 놀라워 잃었던 생명 찾았고 광명을 얻었네"였습니다. 평생 연약하고 교만한 자신을 불러주신 하나님의 은혜를 찬양하고, 하나님이 쓰시기에 합당한 주의 종으로 살아가려고 힘썼습니다. 또한 많은 화려한 말보다는 투박하지만 실천 영성가로서 허락하신 십자가의 길을 묵묵히 걸어가셨던 진정한 신앙인이었습니다. 사람으로 태어난 것이 중요한 것이 아니라 무엇을 위해 어떻게 사느냐가

중요한 것입니다. 그러므로 내가 낳은 육신의 자식보다도 뜻을 함께 하는 영혼의 자식이 곧 내 형제요 자녀라는 예수님의 가르침을 마음 속에 새기며 살아가셨습니다(마 12:46-50).

7. 복민주의를 통하여 얻는 현대적 교훈

그가 오늘날 우리에게 던져 주는 교훈은 많지만, 간략하게 몇 가 지로 요약해 봅니다.

첫째, 진정한 기독교 영성은 이론과 실천을 겸비해야 함을 보여 줍니다. 성속(聖俗)을 구별하는 자세로 세상을 거부하는 동시에 세상 을 받아들이는 양면성, 즉 모순 같지만 그 원리에 따라 실제로 구체 적으로 살아보면 하나의 일관되고 모순 없는 진리로 증명됩니다. 종 교적으로 그는 진정한 기독교인으로 교단 간의 벽을 허물고자 하였 으며, 타 종교들과의 관계도 개방적으로 유지하였습니다. 또한 예수 그리스도의 제자 훈련의 방법을 배우고 실제로 실천하는 삶을 살았 습니다. 좋은 멘토로서 철저한 멘토링을 실천하였으며, 기독교의 진 정한 영성은 철저한 실천 없이는 깨달아지지 않고 세상의 빛과 소금 이 될 수 없음을 몸으로 보여주었습니다.

둘째, 세상의 모든 문제 정의와 해결은 기독교 방식만이 유일한 방법임을 증거하고 있습니다. 세상적인 문제 해결 방식은 타협과 조 정에 기초하여 문제를 오히려 더 확장하거나 미봉책에 그치는 데 반 해, 일가가 이해한 성경의 예수 제3의 길은 개인적이든 구조적이든 모든 문제를 근본적으로 해결하는 참다운 방법이 됩니다. 나의 봉사와 희생이 있는 곳에서는 반드시 밀알이 썩어서 열매를 맺을 수밖에 없는 것이 기독교의 진리이며 체험입니다.

셋째, 타 종교와의 관계는 대화나 타협을 통해서 가능한 것이 아니고, 오히려 기독교인이 복음에 따라 더욱 철저하게 살아감으로써 깊은 만남이 가능하다는 것을 그는 삶으로 증거합니다. 기독교의 구원 진리인 십자가 예수의 삶과 부활의 교훈을 담대히 증거하고 그에 따라 실천하는 삶이야말로 진정으로 타 종교와의 대화를 가능하게 한다는 것이 일가의 삶이 증거합니다. 보수적이고 원칙적인 신앙생활을 함으로써 그의 뛰어난 영성은 개신교, 불교, 천주교, 비종교인, 기업인, 연예인 등 각 분야의 모든 이들에게 강한 영향을 끼쳤던 것으로 보입니다.

넷째, 진정한 복음과 상황과의 관계는 기독교가 변화하는 세상에 적절하게 적응하는 데 있지 않고, 새마을운동처럼 오히려 상황을 기독교적으로 만드는 창조적인 작업이 중요합니다. 수비적인 기독교 상황화가 아닌 공격적인 문화화, 즉 세상의 문화를 선도하는 기독 문화의 중요성을 시사합니다. 이것은 기독교가 역사에 순응하고 재해석되는 것보다, 기독교가 역사를 만들어 가는 선도적인 역할을 해야 함을 의미합니다.

다섯째, 교역자가 아닌 평신도를 위한 다양한 제자 훈련이나 프로그램은 그 멘토가 교역자일 경우에 한계가 있습니다. 일가가 농민으로 살면서 보여주었던 모범적인 삶은 교역자가 보여줄 수 없는 것이기 때문입니다. 교역자는 교역자로서의 모범적인 삶을 보여주고,

직장 생활을 하는 평신도들에게는 복음에 기초한 일상을 살아가는 평신도 멘토가 더 효과적입니다. 일가는 그의 전 생애를 통해 평신도 멘토가 현실을 바꿀 수 있음을 몸소 보여주었습니다.

8. 김용기 장로의 공적

일가 김용기 장로는 한국의 근대화와 교회사를 넘어, 오늘의 한국 교회가 다시 되새겨야 할 영적 유산이자 교과서에 남을 인물입니다. 그의 사역을 본받은 새마을운동은 1960~70년대 한국 산업화의 밑거름이 되었습니다. 기독교 정신에 입각한 이상적인 농촌 사회 건설과 지도자 양성에 헌신한 공로로 1962년 제1회 향토 문화 공로상을 수상하였습니다. 1966년 필리핀 막사이사이상(사회 공익 부문)을 수상하였습니다. 1973년 제1회 인촌 문화상을 받았고, 1978년에는 필리핀 세이비어 대학교에서 명예 문학 박사 학위를 받았습니다. 1988년 국민훈장 무궁화장을 수상하였습니다. 1990년에는 그의 정신과 업적을 기리기 위하여 재단법인 일가재단에서 일가상(一家賞)이 제정되었고, 매년 농민 운동·협동조합 운동 등 사회 공익 실현 운동에 공로가 큰 사람에게 수여되고 있습니다. 청년일가상은 일가 김용기 장로 탄생 100주년을 기념하여 젊은 실천가 발굴을 위한 상으로 2009년 제정되었습니다. 이후로도 일가 김용기 장로의 정신을 이어 가기 위한 다양한 행사가 진행되고 있습니다.

9. 맺는말

가나안농군학교는 김용기(1909~1988) 장로가 "한 손에는 성서를, 한 손에는 괭이를"이라는 신념에 따라 1962년에 설립한 기독교 합숙 교육 기관으로, 교육과 노동을 통한 의식 교육이 특징입니다. 대한민국에서 가장 오래된 성인 교육 기관으로, 초창기에는 농업인을 대상으로 설립되었지만 세월이 흐르면서 다양한 직업군이 참여하였고, 종교·이념·세대를 뛰어넘어 온 국민이 참여하는 정신 교육 기관이 되었습니다. 그 중심에는 굴곡진 역사 속에서 무거운 사명을 감당하였던 지도자 일가 김용기 장로가 있습니다. 작은 체구이지만 오뚝이와 같은 정신으로 쉼 없이 도전하여 조상 대대로 내려온 가난의 대물림을 끊으려 11명의 가족이 똘똘 뭉친 개척 동지들이 있었습니다. 지상에 세워진 교회와 하나님을 향한 신앙을 생명보다 귀히 여기고 살아온 일가 김용기 장로는 오늘날 우리 한국이 세계 선진국 대열에 우뚝 서는 데 그 기초를 마련한 대선각자이며 민족의 지도자라 할 수 있습니다.

일제 식민 시대의 온갖 압박과 고난 속에서도 전혀 굽힘이 없었습니다. 해방 후 남북 분단으로 극도의 혼란에 빠지고, 6·25 전쟁으로 나라가 초토화되어 식량 해결도 어려운 때, 그가 외치고 진력해 온 일은 "굶주린 이에게 먹을 것을 주고, 농민에게 희망을 주며, 이 나라 온 국민의 의식과 생활을 개혁하는 일"이었습니다. 해방 후에는 네 곳을 옮겨 다니며 어려운 황무지를 개간하여 옥토를 만들었고,

그곳에서 먹을 것을 생산하여 잘 사는 모습을 보여주고자 하였습니다. 그리고 농민과 국민들에게 이 개척 정신이 우리가 살 수 있는 길임을 가르쳐 주려고 온 힘을 다하였습니다. 그는 농사를 지으면서 하나님의 깊은 섭리를 깨달을 수 있었고, 하나님을 사랑함으로 받은 천국의 소망이 넘쳤습니다. 그리고 조국과 민족을 사랑하는 지극한 애국심이 있었으므로, 우리 민족이 장차 담당해야 할 삶의 높은 비전을 품고 있었습니다.

일가는 신앙적으로 분명한 복음주의자요, 사상적으로 사회 개혁가였으며, 정치적으로도 한 진영 논리에 치우치지 않은 중용의 길을 걸어감으로써 모두에게 존경받는 분이 되었습니다.

"젊은 자들아 이와 같이 장로들에게 순종하고 다 서로 겸손으로 허리를 동이라. 하나님은 교만한 자를 대적하시되 겸손한 자들에게는 은혜를 주시느니라 그러므로 하나님의 능하신 손 아래에서 겸손하라 때가 되면 너희를 높이시리라"(벧전 5:5-6).

기독교 지도자는 세속적인 지도자와 분명히 다르며, 후손들이 누리는 하나님의 예비된 축복도 분명히 다릅니다. 위대한 발자취를 남긴 조상의 명예가 후손에게는 무거운 책무감이 되기도 하지만, 그럼에도 그 뜻을 이어 잘 살아가는 것이 최고의 축복이자 효도라고 감히 말씀드리고 싶습니다.

9. "한국의 슈바이처",
성산(聖山) 장기려 선생의 영성 이야기

2023년 국회 국정감사 당시 보건복지부가 더불어민주당 김원이 의원실에 제출한 자료에 따르면, 2019년부터 2023년 6월까지 리베이트 등 처방을 대가로 금품을 수수하다 적발되어 행정처분을 받은 의료인은 총 224건에 달했습니다. 이 중 면허 취소가 23건, 자격 정지가 147건, 경고가 54건이었는데, 특히 면허가 취소된 23명 가운데 22명이 의사였습니다.

오늘날의 의료 현실은 '의학의 아버지'라 불리는 히포크라테스의 선서가 무색할 정도로 지나치게 상업화되었습니다. 환자를 향한 순수한 인술(仁術)의 시대가 아니라, 부의 축적을 위한 의료 행위가 만연해지면서 '병원 재벌', '의사 재벌'이라는 말이 생소하지 않게 들리는 시대가 된 것입니다. 매년 대입 수능 시험의 고득점자들이 의과대학으로 대거 몰리는 현상 또한, 인술을 베풀려는 사명감보다는 고액 연봉과 안정된 직장, 사회적 신분을 보장받으려는 목적이 크다는 사실을 부정하기 어렵습니다. 비록 시대가 변하고 물질만능주의가 판치는 세상이 되었을지라도, 환자의 곁을 지키며 함께 울고 웃을 수 있는 참된 의사가 절실히 필요한 시점입니다.

이번에 소개하고자 하는 토착 영성가는 일제강점기의 혹독한 시련과 한국전쟁의 민족적 아픔 속에서도 자신의 안위나 명예보다 가난한 환자들을 내 가족처럼 여기며 사랑의 인술을 베풀며 예수 그리스도의 사랑을 몸소 실천했던 훌륭한 의사입니다. "네 이웃을 네 몸과 같이 사랑하라" 하신 예수님의 말씀에 붙들려 평생을 순결하고 경건하게 살다 하나님의 품에 안긴 장기려 선생입니다. 하나님 앞에서 부끄럽지 않은 고결한 신앙을 지키며 '한국의 슈바이처', '바보 의사'로 불렸고, 박사라는 칭호보다 '선생'으로 불러주기를 원했던 장기려 선생의 영성적인 삶을 살펴보려고 합니다.

그는 높은 사회적 지위와 명예를 가졌음에도 늘 겸손과 섬김의 자세를 잃지 않았으며, 북에 두고 온 첫사랑 아내를 임종하는 순간까지 그리워하며 절개를 지킨 순애보의 주인공이기도 합니다. 또한 의술을 단순한 의학의 한 분야로만 본 것이 아니라, 하나님의 창조 섭리와 부활 신앙을 굳게 믿는 영성적 자세로 과감하게 수술대를 지켰던 인물입니다.

성직자가 아닌 의사의 몸으로, 무소유의 삶을 실천하며 가난한 이들에게 자신의 모든 것을 아낌없이 내어주는 일은 결코 쉬운 일이 아닐 것입니다. 그는 예수님의 삶을 그대로 본받고 이 땅에 재현하고자 끊임없이 몸부림쳤던 인물입니다. 말년에는 중풍으로 거동이 불편한 상황에서도 하루도 거르지 않고 극빈층 환자들을 돌보았습니다. 왕진을 청하는 환자의 요구를 단 한 번도 거절한 적이 없었으며, 가난에 찌들어 거리를 떠도는 사회적 약자들에게 끊임없이 사랑의 손길을 내민 이 시대의 아름다운 성자였습니다.

2. 출생과 성장 과정

장기려 선생

성산(聖山) 장기려 선생은 1911년 8월 14일, 평안북도 용천군 양하면 임암동 739번지에서 한학자였던 아버지 장운섭(張雲燮) 선생과 어머니 최윤경(崔允卿) 여사의 둘째 아들로 태어났습니다. 본관은 안동(安東)이며, 호는 성산(聖山)입니다.

그의 이름에는 흥미로운 일화가 담겨 있습니다. 출생 후 호적에 처음 올린 이름은 '기창'이었으나, 친족 중에 항렬과 이름이 같은 사람이 있어 한자 모양이 비슷한 '기려(呂)'로 바꾸게 되었습니다. 그럼에도 동네 사람들은 그를 '기네'라고 불렀고, 할머니는 '금강석'이라는 아명을 지어 주셨습니다. 이후 개성 송도고등보통학교(이하 송도고보) 시절 선생님과 친구들은 '기여'라고 불렀으나, 본인은 '기려'로 불리기를 원했습니다. 결국 경성의학전문학교(경전)에 다닐 때부터 '장기려'가 그의 공식적인 이름이 되었습니다.

어린 시절 장기려 선생은 몸이 무척 약했습니다. 두 살 때까지 설사가 잦아 배꼽에 뜸을 자주 떴는데 그 흉터가 평생 남았을 정도였습니다. 종종 까무러치기도 하여 머리의 숨구멍과 쌍가마에도 뜸을 떴기에 머리에도 흉터가 남았다고 전해집니다. 세 살부터 일곱 살까지는 할머니 이경심 여사의 품에서 자랐는데, 이때 할머니로부터 받은 가르침은 그의 신앙과 인격 성장에 지대한 영향을 끼쳤습니다. 워낙 병치레가 잦았던 탓에 이웃에 사는 어느 교회 권사님에게 안수기도를 받곤 했는데, 신기하게도 병이 잘 나았다고 합니다.

성장하면서는 딱지치기, 땅따먹기, 팽이 돌리기 등 여느 아이들처럼 놀이를 무척 좋아했습니다. 승부욕이 워낙 강하여 놀이에서 지면 억울해서 곧잘 울기도 했습니다. 한 번은 교회 신발장에 놓인 친구의 돌 팽이를 보고 욕심이 생겨 훔친 적이 있었습니다. 지름이 3cm가 넘는 정교한 팽이였는데, 나무로 깎은 자기 팽이로는 늘 졌지만 그 훔친 돌 팽이로는 연전연승을 거두었습니다. 주인인 친구가 돌려달라고 애원해도 어린 장기려는 자기 것이라 우기며 고집을 피웠습니다. 그러다 교회 부흥회에 참석하여 "도둑질을 회개하라"는 설교에 마음의 찔림을 받았고, 결국 친구를 찾아가 용서를 빌며 팽이를 돌려주었습니다. 어린 시절부터 고집과 승부욕이 강했지만, 잘못을 깨달으면 즉시 돌이킬 줄 아는 성품을 지니고 성장했습니다.

여섯 살에 의성소학교에 입학한 그는 명석한 두뇌로 일곱 살 때 천자문을 모두 떼었습니다. 당시 의성소학교는 일본어를 가르치지 않고 성경과 배일(排日) 사상 교육에 집중하던 곳이었습니다. 특히 인격과 도덕 정신을 중시하며 성경 구절 암송을 장려했습니다. 한 번은 친구들이 담배를 피우는 모습이 근사해 보여 따라 했다가, 교사로 근무하던 사촌 형 장기원에게 들켜 손바닥을 맞은 일이 있었습니다. 이 사건이 계기가 되어 그는 평생 담배를 가까이하지 않았습니다.

고향인 용천군은 평안북도에서 작은 군에 속했으나, 땅이 평탄하고 기름져 자작농이 많고 부유한 동네였습니다. 만주와 인접한 지리적 요건 덕분에 교육열도 매우 높았습니다. 1915년 당시 서당이 104개로 평안북도에서 가장 많았으며, 1903년부터는 입암, 입성, 양시, 보명, 협창, 덕일, 정칙, 구세, 명신, 보신학교 등 현대식 사립학교들이 잇따라 설립되었습니다. 해방 후에는 질 좋은 쌀이 많이 나는 고장이라 김일성 부자가 현지 지도를 자주 나오기도 했던 곳입니다.

1926년 3월, 그는 윤치호 선생이 설립한 개성 송도고보에 입학하며 처음으로 고향을 떠나 타향살이를 시작했습니다. 송도고보 5학년을 마치고 서울 경성의학전문학교에 합격하면서 의학도로서의 본격적인 인생을 걷게 되었습니다. 졸업을 앞둔 1932년 3월 20일에는 내과 의사 김하식 선생의 딸 김봉숙 양을 만나 약혼하였고, 그해 4월 9일 서울 새문안교회에서 결혼식을 올렸습니다. 두 사람은 슬하에 3남 3녀를 두며 단란한 가정을 꾸렸습니다.

결혼하던 그해 4월, 장기려 선생은 경성의전 부속병원 백인제 교수의 조수가 되어 진료와 강의를 시작했습니다. 이때의 인연으로 그는 백인제 교수의 수제자가 되었고, 두 사람은 평생 서로를 존경하고 이끌어주는 스승과 제자이자 든든한 동역자가 되었습니다.

1940년 11월 14일, 나고야대학교에서 의학박사 학위(논문: '급성 화농성 충수염에 대한 세균학적 연구') 취득이 내정되자, 그는 줄세가 보장된 대전 도립병원의 외과 과장 자리를 제안받았습니다. 그러나 이를 정중히 거절하고 평양 기휼병원 외과 과장으로 부임하며 평양에서의 삶을 시작했습니다. 이후 평양의과대학과 김일성종합대학 교수를 지냈으며, 김일성의 주치의가 되어 절대적인 신뢰를 받기도 했습니다. 그 바쁜 와중에도 이용설 박사와 함께 무의촌 진료를 이어갔는데, 이는 경성의전 입학 당시 하나님과 약속했던 "의사를 한 번도 못 보고 죽어가는 가난한 사람들을 위해 뒷산 바윗돌처럼 항상 서 있는

옥탑방 의사 장기려 선생

의사가 되겠다"라는 서원을 지키기 위함이었습니다.

하지만 1950년 한국전쟁은 그의 삶을 통째로 바꿔놓았습니다. 12월 3일, 중공군의 남하로 피난길에 오르게 된 그는 가족들과 약속 장소에서 만나 월남하려 했으나 차질이 생기고 말았습니다. 결국 북에 부인과 다섯 남매를 남겨둔 채, 차남 가용만을 데리고 국군 수송 버스에 올라 정처 없는 피난 생활을 시작하게 되었습니다. 그해 12월 18일 부산에 도착한 그는 임종하기까지 줄곧 부산을 떠나지 않고 북에 있는 가족들을 기다리며 살았습니다.

1951년 6월 20일, 그는 부산 영도구에 있는 한 교회의 창고를 빌려 '복음병원'을 세우고 피난민들을 돌보기 시작했습니다. 병원이라고는 하지만 빈터에 천막 3개를 친 것이 전부였습니다. 장기려 선생은 그곳에서 유엔(UN)으로부터 원조받은 약품으로 환자들을 정성껏 보살폈습니다. 무료 진료 소식이 퍼지자 하루에 200여 명이 넘는 환자가 몰려들었으나, 그는 힘든 내색 없이 모든 환자를 가족처럼 대했습니다. 이 작은 천막 병원이 오늘날 부산 지역의 거점 병원인 '고신대복음병원'의 모태가 되었습니다.

전쟁이 끝나면 북의 가족과 곧 만날 것이라 믿었지만, 휴전선은 굳게 가로막혔습니다. 1, 2차 남북 이산가족 상봉 때 기회가 왔음에

220

도 그는 자신보다 더 절박한 이들에게 순번을 양보했습니다. 이후 3차 상봉을 애타게 기다렸으나 남북 갈등으로 무산되면서 끝내 가족을 만나지 못했습니다. 그러나 그는 절망하는 대신 "내가 누군가를 도우면, 반드시 누군가 북에 있는 내 가족을 도울 것"이라는 믿음으로 가난한 노숙자들을 돌보며 두고 온 가족들에 대한 그리움을 달랬습니다.

평생을 예수님의 삶을 닮고자 애쓰던 그는 1995년 12월 25일 성탄절 새벽, 85세를 일기로 서울 백병원에서 조용히 눈을 감았습니다. 그의 시신은 경기도 남양주시 마석 모란공원에 안장되었으며, 묘비에는 그의 평생을 증명하듯 '주님 섬기며 살다 간 사람'이라는 문구가 새겨져 있습니다.

3. 장기려 선생의 공적과 무소유의 삶

장기려 선생은 평생에 걸친 헌신적인 봉사를 인정받아 1979년 필리핀 마닐라에서 '아시아의 노벨상'이라 불리는 막사이사이상을 수상하였습니다. 그가 세상을 떠난 뒤인 1996년에는 대한민국 국민훈장 무궁화장이 추서되었으며, 2006년에는 '과학기술인 명예의 전당'에 헌정되었습니다. 이어 2019년에는 대한민국 과학기술유공자(융복합과학 분야)로 선정되는 영예를 안기도 했습니다.

그의 활동 경력을 살펴보면 참으로 놀라지 않을 수 없습니다. 복음병원장(1951~1976년), 청십자병원장(1975~1983년), 부산아동병원장(1976년), 부산백병원 명예원장(1983년) 등 병원장으로서 40여 년을 헌신했습니다. 또한 서울대학교 의대 교수(1953~1956년), 부산대학교 의대 교수 및 학장(1956~1961년), 서울 가톨릭대학교 의대 교수(1965~1972년), 복음간호대학장(1968~1979년) 등으로 재직하며 20년 넘게 후학 양성에 힘썼습니다.

사회봉사 분야에서도 그의 발자취는 뚜렷하게 나타나고 있습니다. 1985년부터 1994년까지 한국장애인재활협회 부산지부장을 역임했고, 1993년에는 한국청십자사회복지회 명예대표이사를 맡아 평생 가난한 이웃들의 등불이 되었습니다. 특히 우리나라 최초의 의료협동조합인 '청십자'를 설립하여 운영했으며, 뇌전증(간질) 환자들의 치료 모임인 '장미회'를 만들어 질환에 대한 사회적 편견을 바로잡고 환자들의 자존감을 높이는 데 크게 기여했습니다.

장기려 선생은 "늙어서 가진 것이 별로 없다는 것이 기쁨이기는 하나, 죽었을 때 물레(실을 뽑는 틀) 하나를 남겼다는 간디에 비하면 나는 아직도 가진 것이 너무 많다"라고 말하며 청빈과 겸손을 몸소 실천한 분입니다. 당대 최고의 외과 의사였음에도 불구하고 세상을 떠나는 날까지 본인 명의의 집 한 채 소유하지 않았으며, 마지막까지 복음병원 옥탑방에서 기거했습니다. 임종 당시 예금통장에 남은 1,000만 원마저도 자신을 돌봐준 간병인에게 모두 내어주었고, 그는 변변한 유품도 남기지 않은채 바람에 날리는 티끌처럼 가벼운 몸으로 우리 곁을 떠났습니다.

그는 늘 "인생의 승리는 사랑하는 자에게 있다. 사랑받지 못한다고 슬퍼하지 말라. 우리는 자진해서 사랑하자. 그러면 사랑받는 자보다 더 나은 환희로 충만하게 될 것이다”라고 강조하며 예수 그리스도의 사랑을 삶으로 증명했습니다. 화려한 직책과 명예를 뒤로한 채 늘 서민적인 삶을 고집했으며, 죽는 순간까지도 더 사랑하지 못하고 더 베풀지 못한 것을 아쉬워했습니다.

선생의 유별난 이웃 사랑은 때로 병원 행정실 직원들과 갈등을 빚는 원인이 되기도 했습니다. 병원 규모가 커지면서 운영비 부담이 늘어나자 병원 측은 무료 진료를 중단해달라고 요청했습니다. 그러나 그는 “복음병원은 가난한 환자들을 위해 시작된 곳이니 그 정신을 잊어서는 안 된다”라며 뜻을 굽히지 않았습니다.

경남 함안에서 온 어느 환자가 치료비가 없어 퇴원을 못 하고 있을 때, 선생이 그를 조용히 불러 차비를 쥐여주며 “오늘 밤 뒷문을 열어줄 테니 도망가시오”라고 권했다는 이야기는 지금도 유명한 일화로 전해집니다. 또한 영양실조 환자에게 약 대신 ‘생닭 두 마리 값’이 적힌 처방전을 써주어 직원들을 깜짝 놀라게 하기도 했습니다. 환자가 우선 먹어야 병이 나을 것이라는 의사로서의 양심적인 처방이었던 셈입니다. 이저럼 그는 가난한 이늘의 지료비를 자신의 월급으로 대신 내거나 가진 돈만 받고 퇴원시켜 주는 등 자선 인술의 끈을 놓지 않았습니다. 도대체 무엇이 그로 하여금 이토록 멈추지 않는 사랑을 실천하게 했던 것일까요?

4. 인술의 원동력이 된 예수님과의 만남과 부활 신앙

장기려 선생은 모태신앙인으로서 어린 시절 부모님으로부터 신앙 교육을 받으며 성장했습니다. 특히 부친 장운섭 선생이 세운 기독교 학교인 의성소학교에 입학하여 성경 구절을 암송하며 자랐습니다. 소학교 졸업 후에는 윤치호 선생이 설립한 개성 송도고보에 입학하면서 신앙생활에 더욱 정진했습니다. 그 시절 출석했던 송도감리교회에서 세례를 받았고, 훗날 1988년 9월 4일에는 부산의 '종들의 모임'에서 어네스트 로빈슨 선교사에게 두 번째 세례를 받았습니다. 그는 자신의 일기에 "세례를 베풀고 세례를 받다"라고 기록하고 있습니다. 16세기 급진적인 종교개혁 종파들이 재세례를 실행했다가 끔찍한 고문을 받고 이단으로 처형된 역사를 그가 모를 리 없었을 텐데도, 다시 세례를 받고 그날의 감회를 기록한 것입니다.

그는 평생 예닐곱 곳의 교회를 다녔습니다. 할머니 등에 업혀 다녔던 장로교단 소속의 입암교회를 시작으로, 세례를 받았던 개성의 감리교회, 경성의전 시절의 중2교회, 평양 기휼병원 근무 시절의 신양감리교회와 평양 산정현교회, 피난 와서 다녔던 부산의 초량교회, 그리고 서울과 부산의 산정현교회 등이 그곳들입니다. 안타깝게도 장기려 선생이 등록하고 다녔던 대다수 교회는 분열의 아픔을 겪었습니다. 서울에서는 산정현교회가 둘로 쪼개진 후 그 아픔을 안고 중2교회로 옮겼으며, 당시 아내 김봉숙 여사는 그곳에서 피아노 반주를 맡았습니다. 평양으로 옮긴 뒤 출석하던 신양교회가 일장기 앞에서 "우리는 황국신민이다. 충성으로 구국에 보한다"는 일본식 의례를 먼저 거행하고 예배를 드리자, 이에 실망하여 교회 출석을 포기하기도 했습니다. 이후 1년이 넘는 기간 동안 가정예배를 드리다가 해방을 맞이했습니다. 해방 후 북한 공산 치하에서는 평양 산정현교회에 등록하고 출석하였으나, 이 교회 또한 밤낮으로 갈등하다 결국 분열하고 말았습니다. 한국 개신교를 바라보며 장기려 선생이 가장 크게 실망한 것은 자본주의에 굴복하여 맘모니즘(배금주의)이 된 기독교와 교회의 분열이었습니다. 그는 장로교 소속 공동대표로 있으면서도 무교회주의를 표방하는 함석헌, 김교신 선생 등과 교제하였으며, 32년간 무교회주의 성격의 '부산모임' 집회를 자신의 병원 사택과 사무실에서 주관했습니다. 뿐만 아니라 국제 교회 개혁 모임인 '종들의 모임'에서 활동했는데, 1988년에는 무교회주의를 선언하고 부산 산정현교회를 떠났습니다. 장기려 선생은 본래 예장 통합 소속의 장로였으나, 이에 아랑곳하지 않고 신앙의 본질을 위해 무교회주의를 선택한 것이었습니다.

외과 의사로서 그의 중요한 의학적 성과는 1943년에 이루어졌습니다. 당시만 해도 간농양은 수술할 수 있어도 종양은 수술할 수 없는 영역으로 여겨졌습니다. 우리나라에서의 간 부분 수술은 1940년 경성제대 오가와 교수의 젓 수술 시도가 있었으나 환자의 사망으로 실패한 전례가 있었습니다. 조선 최고의 외과 의사였던 오가와 교수조차 실패한 '간 설상절제수술'을 장기려 선생이 시도하려 하자 주변에서 극구 말렸으나, 그는 예수의 마음으로 수술을 강행하여 결국 성공시켰습니다. 국내 최초의 수술 성공 소식이 알려지자 평양 기휼병원의 김명선 원장은 "외과의사는 저렇게 무식해야 되는 모양이구나"라며 기뻐했다고 합니다.

이건오 의사는 당시 감히 아무도 시도하지 못했던 간 수술에 장기려 선생이 도전할 수 있었던 학문적 근거에 대해 다음과 같이 말했습니다.

"장기려 선생은 일반 사람이 과학을 하는 것처럼 그렇게 하지 않았습니다. 온 만물과 사람을 하나님이 만드셨다는 생각으로부터 선생의 의학은 출발하였습니다. 하나님이 만드신 피조물이기 때문에 거기에는 반드시 질서가 있을 것이라 믿었던 것입니다. 인체도 그렇게 생각하신 것입니다. 선생님께서는 우리에게 질병에 대해 이렇게 가르쳐 주셨습니다. '하나님이 만들어 놓으신 인체의 법칙이 생리학인데, 질병이란 생리학적 원리가 깨져 비생리학적으로 돌아간 상태를 말한다.' 이처럼 선생님은 다른 의학자들이나 병리학자들과는 색깔이 다르셨습니다. 평양 기휼병원에서 간설상절제수술을 성공하여 조선의학회에 발표했을 때 얼마나 욕을 먹었습니까? 간은 핏덩어리인데 거기다 칼을 댄 무식한 놈이라고 말입니다. 그러나 선생님은 하나님이 만드신 것은 반드시 원리가 있고 그래서 그 원리를 찾으면 치료할 수 있다는 확신이 있었던 겁니다. 장기려 선생님의 학문적인 창의성은 그렇게 나왔던 것입니다."

장기려 선생은 이 일을 통하여 내세에 대한 확신이 더욱 강해졌습니다. 1941년 평양 기휼병원에서 사면초가에 몰렸을 때, 그는 오히려 예수의 신실한 성품을 새롭게 발견하는 체험을 했습니다. 생활 속에는 감사가 넘쳤고, 사람과 사람 사이의 불신을 푸는 비결을 터득하게 되었습니다. 그는 "불신을 믿음으로 돌이키는 힘은 예수 그리스도를 향한 일편단심의 생활에 있음을 깨달았다. 얼핏 생각하면 크리스천이 예수의 성품을 체험했다는 고백은 너무 당연하다. 요한계시록의 저자 사도 요한은 젊어서 예수를 만났고, 누구보다 사랑받는 제자로 가까이서 예수가 행한 기적과 죽음, 부활 승천을 직접 목격했다”라고 고백하며 부활 신앙을 증거했습니다.

5. 겸손하면서도 강한 지도자로서의 삶

장기려 선생이 돌아가시던 해, 제자들이 훗날 선생의 동상을 만들기 위해 사진사를 대동하고 찾아온 적이 있었습니다. 그때 장기려 선생은 “내 동상을 만드는 그놈은 벼락을 맞아 죽어라!”라며 버럭 소리를 지르며 그들을 내쫓았습니다. 이러한 일화를 통해 우리는 선생이 자신의 삶을 인간적인 자랑거리로 여기지 않고, 철저하게 자신을 낮추신 예수 그리스도의 겸손함을 본받으려 했음을 잘 알 수 있습니다.

그의 삶을 누고 ‘한국의 슈바이처’, ‘바보 의사’, ‘작은 예수’, ‘우리 시대의 성자’ 등 수많은 호칭이 따랐지만, 선생은 그런 수식어에 머물지 않았고, 그런 수식어에 걸맞은 삶을 살아가기 위해 평생을 몸부림쳤습니다. 그러기에 묘비에 적혀 있는 “주님 섬기며 살다 간 사람”이라는 짧은 한마디가 선생의 일생을 그 어떤 수식어보다 선명하게 드러내고 있습니다. 그는 진정으로 마음과 뜻을 다해 주님을 섬기는 삶을 살았습니다.

선생의 삶을 지탱한 철학은 다름 아닌 ‘사랑의 실천’이었습니다.

그는 사랑에 대해 "사랑은 최고의 선이요, 사랑은 도덕의 도덕이요, 생명의 생명이다. 사랑의 철학은 생명철학의 일대 혁명이다. 사랑은 아름다운 것, 사랑은 영원한 것, 사랑은 생명 자체다"라고 정의했습니다. 이러한 사랑 실천의 삶은 우리 사회에 큰 울림을 주어 수많은 사랑의 봉사자가 나타나는 계기가 되었습니다. 이상규 고신대 교수는 "그의 생애와 삶은 한국교회 현장에 떨어진 거룩한 폭탄이었다"라고 평가했습니다. 이처럼 선생의 선한 영향력은 전국적으로 확대되어 '사랑의 운동'으로 계속해서 번져나갔습니다. 그 대표적인 결실 중 하나가 바로 의료 선교 단체인 '한국누가회(GPT)'의 탄생입니다.

6. 우리나라 최초의 의료보험조합 : 청십자의료보험조합

1968년 3월 8일, 청십자의료보험조합의 창립은 부산 미문화원에서의 공개회의로부터 시작되었습니다. 당시 미문화원 원장이었던 랄프 루이스(Ralph Lewis)가 발제를 맡아 미국의 의료보험 제도를 소개했습니다. 준비를 마친 뒤에는 부산 시내 100여 개 교회에 청십자의료보험조합 창립 호소문을 발송했습니다. 실무 주역들은 각 교회의 수요 예배 광고 시간을 빌려 이 사업을 적극적으로 홍보했습니다. 3월 28일 열린 준비 총회에는 17명의 교회 대표가 참석하여 5명의 정관 작성 소위원을 선출하였고, 이어 5월 13일, 초량동에 위치한 복음병원의 분원인 복음의원에서 역사적인 창립총회가 개최되었습니다.

장기려 선생은 창립총회 연설을 통해 청십자의료보험조합은 교

228

회와 같은 조직과 정신이 필요하다면서 복음병원의 협력을 당부했습니다. 그는 초대교회에 있었던 재산 공유가 사회주의 국가나 공산주의 체제처럼 강압에 의해 이루어진 것이 아님을 상기시키며, 자발적인 의사와 성령 충만함 가운데 사랑으로 이 일을 이루자고 호소했습니다.

의료보험조합의 핵심 정신은 조합원 중에서 갑자기 발생한 환자를 위해 서로 돕는 것입니다. 건강할 때 가입하여 이웃을 돕고, 만약 자신도 병이 나면 그와 같은 도움을 받을 수 있다는 원리입니다. 장기려 선생은 교회 대표들만 모인 창립총회 석상에서 "인종, 정치와 관계없이 위의 목적을 찬동하는 자는 누구나 가입할 수 있다"는 점을 분명히 했습니다. 지금처럼 민주주의가 발전한 시점에서 보면 누구나 회원이 될 수 있다는 사실이 당연하게 느껴지지만, 당시 교회 사역자들이 주축이 된 단체에서 인종, 종교, 이념과 관계없이 문호를 개방한 것은 실로 획기적인 일이 아닐 수 없었습니다. 여기에는 인간 평등사상과 인류 보편적 가치를 창립 정신으로 삼았다는 점에서 기독교 사랑의 본실이 고스란히 남겨 있습니다.

단기간에 청십자의료보험조합이 창립되고 다수의 조합원이 참여할 수 있었던 데에는, 평소 장기려 선생이 보여준 절대적인 신뢰와 남다른 이웃 사랑의 실천이 큰 역할을 했습니다. 처음 호소문을 보냈을 때 부산 지역 기독교계의 80%는 이를 외면하기도 했으나, 끈질긴 설득과 협력 요청 끝에 서서히 자리를 잡았고, 그 이면에는 초량동 복음의원의 헌신적인 뒷받침이 있었습니다.

청십자의료보험조합은 당시 지역사회에서 매우 혁신적인 시도였으며, 이를 통해 부산 지역의 극빈층과 노숙자들에게 많은 혜택이 돌아갔습니다. 이러한 성과를 바탕으로 1977년 대한민국 보건복지부는 500인 이상 사업장을 대상으로 의료보험조합 시범 적용을 시작했습니다. 이후 1989년에는 전 국민 의료보험으로 확대되었으며, 2000년 7월 국민건강보험공단으로 통합 출범하며 세계 최고 수준의 의료 서비스를 전 국민에게 제공하는 밑거름이 되었습니다. 청십자의료보험조합은 한국 의료 현장에 귀한 사랑의 씨앗을 뿌리고 이제는 역사의 뒤안길로 사라졌습니다.

7. 한국 교회의 개혁과 32년의 무교회주의 신앙생활

장기려 선생은 한국 교회의 개혁을 평생 신앙생활의 과제로 삼고, 기존 교회에 대한 비판과 함께 대안으로 개혁 교회가 나아가야 할 방향성을 제시했습니다. 특히 1974년 8월 서울에서 개최된 '엑스폴로 74' 대회와 1977년 '민족복음화대성회'를 계기로 한국 개신교를 향한 비판을 쏟아내기 시작했습니다. 두 집회 모두 100만이 넘는 인원이 참여하여 세계 기독교 역사에서 유례를 찾기 힘든 양적 성공을 거둔 대회였습니다.

그러나 장기려 선생은 이러한 양적 성공을 거칠게 비판했습니다. 예수 믿는 사람들이라면 마땅히 성경적인 방법으로 모여야 하는데, 두 대회는 예수의 전도 방법과 닮은 점이 별로 없다고 지적했습니다. 또한 이 대회에 참석하여 진정으로 회개하고 올바른 생활을 결심하는 사람도 거의 없으며, 도탄에 빠진 이웃의 괴로움을 자기 책임으로 느끼는 자도 찾아보기 어렵다고 비판했습니다. 비판의 핵심은 자본주의 방식으로 성장과 발전을 꾀하는 한국 개신교의 모습이었습니다. 교회가 돈으로 큰일을 하겠다는 발상 자체가 문제라는 지적입니다. 장기려 선생은 초대형 전도 집회의 엄청난 성공으로 한국 개신교가 들떠 있을 때, "제발 자본주의적 기독교의 마지막이 되기를 바란다"라며 안타까워했습니다. 그가 남긴 한국전쟁 이후의 한국 기독교 비판 내용을 읽어보겠습니다.

"하늘을 찌를 듯한 고딕의 예배당도 나에게는 하나님의 영광으로 느껴지지 아니하고, 사람의 예술품은 될지언정 맘몬의 재주인 듯한 느낌이 든다. 또 우리는 이 세상에서 권세와 지위와 명예 그리고 사업의 번영들에 대하여 하나님의 축복이라고 생각하고 축하한다. 그러나 그것들이 과연 하나님의 영광을 사모하여 살던 사람들에게 내려 주시는 선물이었던가? 자기도 모르는 사이에 맘몬과 타협해서 산 결과로 된 것은 아니있는지 반성할 필요가 있나."

"한국교회는 한국전쟁이라는 민족적 아픔을 겪으면서 어떻게 되었는가? 그리스도의 사랑으로 하나를 이루지 못하고 도리어 분쟁하고 나뉘었다. 그것은 그리스도와 연합하여 살지 않고 현실주의와 타협했기 때문이다. 자본주의적 기독교에 머물러 있었고, 가난한 자가 하늘나라의 소유자라고 하는 진리를 외면하여 주님의 말씀에서 떠난 데 기인한다. 현재의 기독교로서는 인류를 구원하지 못하겠다는 것이 소위 뜻있는 사람들의 말이다. 이 형식과 타산, 효용에 치중하고 위선과 허식을 용납하는 기독교는 생명이 없는 까닭이다. 기독교는 새 혁명을 요구하고 있다.”

교회 개혁을 향한 장기려 선생의 의지가 얼마나 분명하고 확고했는지는, 그가 왜 '부산 모임'을 시작했는지 밝힌 대목에서 또렷하게 드러납니다.

“나는 일찍이 한국의 기독교는 혁신과 개혁이 필요하다고 생각하였다. 그래서 1956년 서울에서부터 부산 의과대학 외과 교수가 되어 내려온 후에 외과 교직원들에게 일본 무교회 지도자들의 성서 강해를 한국말로 번역하여 전했다.”

장기려 선생은 개인 구원 차원에만 머물렀던 과거의 신앙을 회개하고, 사회 구원의 문제에 책임 있게 반응하기 위해 무교회주의와 김교신, 우치무라 간조, 함석헌, 퀘이커 등으로부터 배웠습니다. 그러다 1980년대 중반부터는 보다 근원적인 교회 개혁에 헌신하기 위해 김교신과 우치무라 간조의 무교회주의, 함석헌의 퀘이커 사상을 포함한 모든 제도권 교회를 떠나게 되었습니다.

8. 순애보 같은 애틋한 사랑을 천국에서 꽃피우다

장기려 선생은 "그 여자는 내 눈동자요, 내 손과 발이었다"라는 시적 표현으로 자신의 아내를 소개하곤 했습니다. 장기려 선생은 북에 두고 온 아내와 자녀들에 대한 그리움을 가슴에 안고, 한평생 절개를 지키며 45년을 홀로 살아왔습니다. 늘 빛바랜 가족사진 한 장을 가슴에 품고 살았던 그는, 그 사진을 보며 사랑하는 아내를 끊임없이 그리워했습니다. 선생을 아끼는 이들은 그에게 재혼할 것을 자주 권유했습니다. 그럴 때마다 그는 이렇게 대답했습니다.

"나의 사랑하는 아내가 북에 살고 있습니다. 아내가 나를 기다리고 있는데 내 어찌 그 기다림을 저버릴 수 있겠습니까? 내가 평양에서 결혼할 때 주례하시던 목사님이 우리 부부를 앞에 세워놓고 백년해로하라고 말씀하셨습니다. 그러니 재혼하는 것은 100년 뒤에 가서 생각해 보겠습니다."

그는 민족 분단의 아픔을 고스란히 껴안고 이산가족의 고통을 겪으면서노, 가족 상봉의 기회가 있을 때마다 "나는 이 땅의 이산가족들이 모두 상봉을 이룬 후에 만나겠다"며 아내에게는 편지만 보냈습니다.

"여보, 몇 년 전 남북한의 이산가족들이 몇 명씩 남과 북을 방문해 해후의 기쁨을 나누고 돌아온 것을 기억하지요. 난들 왜 가보고 싶지 않겠소. 그러나 일천만 이산가족 모두의 아픔이 나만 못하지 않을 텐데, 어찌 나만 가족 재회의 기쁨을 맛보겠다고 북행을 신청할

수 있겠소. 우리는 온 민족이 함께 어울려 재회의 기쁨을 나누는 그
날 다시 만나리라는 것을 확신합니다."

　　1985년 9월, 남북고향방문단 및 예술단이 서울과 평양을 오갔을
때의 일입니다. 이산가족 상봉이 추진될 당시 정부에서는 사회·문화
계 인사들에게 특별히 가족 상봉을 주선하며 장기려 선생에게도 제
안을 한 적이 있었습니다. 그토록 애타게 그리워하던 가족을 만날 수
있는 절호의 기회였지만, 그는 함께 기다리는 다른 실향민들에게 도
리가 아니라며, 다른 이산가족들과 함께 떳떳이 고향을 찾겠다며 이
를 거절했습니다.
　　결국 그는 평생 그리던 아내의 얼굴을 보지 못한 채 세상을 떠났
지만, 결코 이기적인 욕심에 붙들려 살지 않았습니다. 개인적인 기
쁨과 행복조차 혼자 독점하는 것을 스스로 용납하지 못했던 것입니
다. 장기려 선생은 1995년, 평생 그리워하던 아내를 만나지 못한 채
국민들의 깊은 애도 속에 하늘나라로 먼저 떠났습니다. 선생이 다
이루지 못한 소망은 둘째 아들 장가용 교수가 대신 이뤘습니다. 지
난 2000년 8월에 성사된 이산가족 상봉에서 아흔을 바라보는 어머
니와 환갑을 넘긴 아들이 50년 만에 극적으로 만난 것입니다. 북에
남았던 아내 김봉숙 여사는 2004년 4월 9일 하늘의 부름을 받았습
니다. 이어 아버지를 따라 남쪽으로 피난 왔던 둘째 아들 가용 씨도
2008년 1월 18일 눈을 감고 부모님 곁으로 떠났습니다. 이제 장기려
선생과 아내 김봉숙 여사는 천국에서 재회하여 영원한 기쁨을 누리
고 계시리라 확신합니다.

9. 맺는말

"사랑은 다른 사람을 위한 죽음이다. 그리고 영원한 생명은 사랑이다. 그러므로 참 생명은 죽음에 있다고 하는 것을 알 수 있다. 죽음을 두려워하거나 목숨을 아끼는 자에게는 생명이 없다. 잘 죽은 자가 잘 사는 자다. 다른 사람을 위해서 자기의 목숨을 버리는 자만이 영원한 생명을 소유한 사람이다. 다시 말하면 생명은 죽음에 있다. 사랑의 죽음은 생명을 얻는 유일한 길이다. 그래서 사도 요한의 사랑의 철학은 생명 철학의 일대 혁명이다. 이제부터 당신은 죽음을 두려워하지 아니하리라. 도리어 열심히 이 죽음의 길을 찾을 것이다."

(유물론자들에게 전하고 싶은 요한의 사랑의 철학, <부산모임> 제43호 (1974년 8월호), 13쪽)

한 인간이 이 땅에 태어나 파란만장한 삶을 살고 그 여정을 기록한나는 것은 매우 어렵고도 숭요한 일입니다. 자칫 지나친 미화와 찬양으로 흐르거나, 왜곡된 기록으로 한 사람의 생애를 잘못 전달해서는 안 되기 때문입니다. 필자는 토착 영성가들의 삶을 평가할 때마다 깊은 책임감과 때로는 두려움을 느끼곤 합니다. 주관적인 판단을 최대한 배제하고 신학적, 영성학적, 인류 문화적 관점에서 객관적으로 기록하고 있는지 스스로 끊임없이 자문합니다. 그럼에도 이번 장기려 선생의 영성적인 삶에 대한 기록이 순조로웠던 것은, 그가 우리 가슴 깊이 각인된 영성의 거목이었기에 오히려 편안한 마음으로 그

발자취를 따라갈 수 있었기 때문입니다.

장기려 선생의 일생을 몇 가지 측면에서 정리해 봅니다.

첫째, 장기려 선생은 사람을 진정한 인격체로 대했던 의사입니다. '한국의 슈바이처', '살아있는 성자', '바보 의사', '작은 예수' 등으로 불린 그는 늘 주님의 눈길로 환자를 바라보았고, 환자의 마음을 읽기 위해 정성을 다했습니다.

둘째, 정직을 최고의 미덕으로 실천한 '바보 의사'였습니다. 그는 거짓을 저주받을 짓으로 여겼습니다. 1950년대 초, 수술 중 과실로 환자가 사망하는 안타까운 일이 있었습니다. 수사 결과에 따라 병원 장에서 물러나거나 투옥될 수도 있는 절박한 상황이었으나, 장기려 선생은 그 순간에도 어떠한 변명이나 핑계도 없었습니다. 위선과 거짓을 가장 혐오했던 그는 진실이 목숨보다 소중하다는 믿음으로 경찰 앞에서 본인의 실수를 솔직하게 인정했습니다. 그의 정직함에 감동한 경찰은 "면허가 있는 의사가 수술하다 죽은 것을 어찌하겠소"라며 그를 방면해 주었습니다. 그가 이룬 의학적 성취나 가난한 이들을 향한 헌신만큼이나, 큰 위기 앞에서도 과오를 인정했던 그의 정직함은 우리 시대에 무엇보다 귀한 가르침입니다.

셋째, 교회 개혁을 위해 성경적인 방법을 강조하며 평생 가르치고 실천했습니다. 그는 조국의 통일과 교회 개혁을 위해 기도하며, 올바른 방향을 향한 발걸음을 한순간도 멈추지 않았기에 한국교회에 주는 경종이 매우 크다고 할것입니다.

넷째, 차별과 경계의 담을 허물고 살았던 분입니다. 그는 신분의 높고 낮음을 가리지 않고 모든 이를 평등하게 대했습니다. 전쟁 후

무료 병원을 고집하고, 부산대학교 뒤편 창고에 방치된 행려병자들에게 지속적으로 의료 봉사를 했던 것은 그들과 자신을 동일하게 생각했기 때문입니다. 부산 뇌전증 환자 모임인 '장미회'의 초대 회장이 되어 임종 때까지 자리를 지킨 것 또한 인류에 대한 지극한 사랑의 발로였습니다.

다섯째, 전문가주의를 철저히 경계했던 겸손한 의사였습니다. 그는 전문가라는 이름의 형식과 오만에 빠지지 않았습니다. 새로운 의료 기술을 습득하기 위해 한순간도 공부를 소홀히 하지 않았으며, 아들 장가용 교수의 회고처럼 평생 공부밖에 몰랐던 학자이기도 했습니다. 가난한 이들을 위해 봉사할수록 더욱 실력 있는 의사가 되어야 한다는 것이 그의 철저한 신조였습니다.

여섯째, '코람데오(하나님 앞에서)'의 정신으로 늘 하나님을 의식하며 살았습니다.

"그 이튿날 그가 주막 주인에게 데나리온 둘을 내어주며 이르되 이 사람을 돌보아 주라 비용이 더 들면 내가 돌아 올 때에 갚으리라 하였으니 네 생각에는 이 세 사람 중에 누가 강도 만난 자의 이웃이 되겠느냐 이르되 자비를 베푼 자니이다. 예수께서 이르시되 가서 너도 이와 같이 하라 하시니라." (누가복음 10:35-37)

이 성경 말씀을 평생의 삶으로 증명하다 가신 그는 진정 우리 시대의 '작은 예수'였습니다.

10. "용서와 무소유의 삶",
우석(友石) 김용은 목사의 영성 이야기

지금은 영성의 시대라고 말을 하고 하지만, 역설적으로 영성이 죽은 암흑의 시대이기도 합니다. 영성의 신학적 이론과 방법론은 수없이 제시되고 있으나 실천적인 영성의 삶이 뒷받침되지 못하다 보니, 골고다 언덕 위에서 보여주신 예수님의 십자가와 사랑의 길과는 거리가 멀어졌습니다. "주여, 나는 당신 밖에는 아무것도 원하지 않습니다"(Domine, ego non habes nec volo nisi te)라고 기도했던 이탈리아 아시시의 성 프란치스코가 보여준 청빈과 고난의 삶으로부터 멀어지면서, 영성의 어두운 밤은 점점 깊어만 가고 있습니다.

기독교 영성의 정의를 내리기 위해서는 먼저 복음서에 나타난 예수님의 삶과 사역을 살펴보아야 합니다. 예수님을 닮아가는 것이 기독교 영성의 핵심이기 때문입니다. 예수님은 주로 다섯 가지의 사역을 감당하셨습니다. 첫째는 기도와 묵상의 사역, 둘째는 복음 전도의 사역, 셋째는 성령의 능력 가운데 행하신 치유와 축사 같은 카리스마적 사역, 넷째는 이웃 사랑의 사역, 다섯째는 사회 정의의 사역입니다.

개신교 영성학자인 리처드 포스터(Richard Foster)는 예수님의 이러한 사역을 바탕으로 그의 저서 『생수의 강』에서 2,000년 간 이어온 기독교 영성의 흐름을 여섯 가지로 정리하며 각 전통을 대표하는 영성가들을 제시했습니다. 첫째는 묵상의 전통으로 3세기 이집

트 사막 수도의 아버지 안토니(Antony of Egypt), 둘째는 성결의 전통
으로 존 웨슬리(John Wesley), 셋째는 카리스마의 전통으로 성 프란치
스코(St. Francis), 넷째는 사회 정의의 전통으로 퀘이커교도인 존 울먼
(John Woolman), 다섯째는 복음 전도의 전통으로 성 아우구스티누스
(St. Augustine), 여섯째는 성육신의 전통으로 웨슬리의 어머니 수산나
웨슬리(Susanna Wesley)를 들고 있습니다.

한국 기독교 토착 영성의 뿌리는 전남 화순군 도암면 등광리에
서 출생한 '화순의 성자' 이세종 선생이라 할 수 있습니다. 그는 어린
시절 부모님을 일찍 여의고 머슴 생활을 거치며 악착같이 재산을 모
아 지역의 큰 부자가 되었습니다. 그러던 어느 날 선교사를 통해 예
수 그리스도를 만난 이후 모든 재산을 이웃에게 나누어주었으며, 소
천 후에는 가마니 한 장, 사진 한 장 남기지 않았습니다. 이세종 선생
이 걸어간 십자가의 길은 청빈과 사랑의 길이었습니다. 청빈은 단순
히 주어진 가난이 아니라 스스로 선택하여 만든 '깨끗한 가난'을 말
합니다. 인간에게 주어진 가난은 극복해야 할 과제이지만, 청빈은 절
제된 아름다움이자 그리스도인 삶의 미덕입니다. 풍요 속에서는 사
람이 타락하기 쉽지만, 맑은 가난인 청빈과 사랑의 길은 우리에게 마
음의 평안을 가져다주고 올바른 정신을 지니게 합니다.

오늘날 목회자들이 평생 사역에 전념하다 은퇴하는 과정에서 정
당하지 못한 금전 거래 문제로 평생 쌓아온 명예와 권위를 실추시키
는 일들을 종종 보게 됩니다. 이는 무소유를 실천하지 못하고 탐욕
의 유혹으로부터 훌훌 떠나지 못했기 때문입니다. 성경은 "예수께서
이르시되 네가 온전하고자 할진대 가서 네 소유를 팔아 가난한 자들

군산 중동교회

에게 주라 그리하면 하늘에서 보화가 네게 있으리라 그리고 와서 나를 따르라 하시니 그 청년이 재물이 많으므로 이 말씀을 듣고 근심하며 가니라"(마 19:21-22)라고 말씀합니다.

이번에 소개하고자 하는 한국의 토착 영성가는 우석(友石) 김용은 목사(1918~2008)입니다. 그는 무소유의 삶을 기본 덕목으로 삼고 이를 몸소 실천하다 주님 곁으로 떠난 분입니다. 그의 무소유 실천은 한마디로 '4무(無)의 목회자'라 표현할 수 있습니다. 군산의 대표적인 중동교회를 담임했고 기독교대한성결교회 제26대 총회장을 지냈지만, 그는 평생 토지, 주택, 통장, 패물을 소유한 적이 없었습니다. 매일 저녁 귀가하여 잠자리에 들 때 주머니에 돈이 남아 있으면 경제적으로 어려운 성도나 사회석 약자를 찾아가 가진 것을 모두 나누어주었습니다. 지갑과 주머니가 비워졌을 때 비로소 잠자리에 들 정도로 베푸는 것을 생활 원칙으로 삼고 청빈한 삶을 살다 가신 분입니다.

군산 중동교회를 개척하여 38년 동안 목회하고 은퇴할 때 받은 퇴직금도 군산기독교센터 건립과 어머니의 순교지인 두암교회 건축을 위해 모두 헌금했습니다. 소천 후에는 남은 육신인 시신마저 전북대학교 대학병원에 기증했습니다. 평소 거주하던 아파트는 중동교회에 기증하여, 고군산군도 섬 지역 목회자들이 육지에 나왔다가 뱃

길이 끊기면 임시로 머물 수 있는 숙소로 쓰게 했습니다. 철저하게 무소유의 삶을 살다 미련없이 천국으로 떠난 소중한 인물의 영성적인 삶을 상세하게 소개하고자 합니다.

2. 출생과 성장 과정

김용은 목사

불우한 어린 시절

김용은 목사는 1918년 5월 10일, 전라북도 정읍시 소성면 애당리 두암 마을에서 아버지 김길두 선생과 어머니 윤임례 여사 사이의 6남매 중 맏아들로 태어났습니다. 그의 아버지는 평생 특별한 직업을 가져본 적이 없는 한량이었습니다. 머리가 영리하고 학식과 의식은 높았으나, 정작 세상에 쓰임 받지 못하자 스스로 시대를 잘못 만났다며 한탄하며 살았던 분이었습니다. 지독한 가난 탓에 아이들은 늘 배고픔에 허덕였고, 부지런한 어머니가 초근목피로 겨우 생계를 이어가는 형편이었습니다. 어린 김용은에게 극심한 가난은 고된 일상의 반복이었으며, 삐쩍 마른 어머니와 네 명의 동생들이 아니었다면 매일같이 죽고 싶은 마음뿐이었다고 회고합니다.

어느 날 어머니가 그를 불러 간곡히 말씀하셨습니다.

"용은아! 에미가 미안하구나. 네가 이웃집 일을 좀 도와주거라.

244

그 집은 음식이 풍성한 부잣집이니 너도 굶지 않고, 남은 음식을 가져오면 동생들도 먹을 수 있지 않겠니? 아버지가 저리 폐결핵으로 누워 계시니 어쩔 도리가 없구나."

그 당시 어린 마음에는 그런 어머니가 몹시 원망스러웠고 가난이 뼈에 사무치게 싫었습니다. 결국 그는 열두 살 어린 나이에 머슴살이를 시작했습니다. 몸이 부서져라 일을 해도 주인은 칭찬은 커녕 호통이 돌아왔고, 때로는 빗자루로 두들겨 맞기도 하는 등 머슴살이는 고된 지옥 생활과 같았습니다. 그러나 그는 낮에는 열심히 일하고 밤에는 빠짐없이 책을 읽는 주경야독의 삶을 살았습니다. 아궁이에 불을 때면서도 책 읽기를 쉬지 않은 결과, 천자문과 동몽선습, 통감을 독학으로 떼었습니다. 그는 자신의 삶을 비관하는 대신, 주어진 조건 속에서 최선의 길을 찾기 위해 부단히 노력했습니다.

마흔 살의 젊은 나이에 아버지가 폐결핵으로 세상을 떠나셨을 때, 그의 나이는 겨우 열다섯 살이었습니다. 당시 어머니 뱃속의 아이까지 포함해 다섯 명의 동생이 줄줄이 있었습니다. 그는 사춘기 소년의 몸으로 가장이라는 무거운 짐을 지고 험난한 세상을 헤쳐 나가야 했습니다. 이후 잡화점 점원으로 일을 시작했으나, 주인은 월급 대신 먹여주고 재워주는 조건으로 판매와 배달, 청소까지 호되게 일을 시켰습니다. 그에게 하루하루는 고달픔의 연속이었습니다.

정읍 천원제일교회에서 신앙생활을 시작하다

고된 노동에 지쳐가던 중, 친구 상칠이의 소개로 기술을 배우기 위해 이발소로 자리를 옮기게 되었습니다. 그곳에서 이발소 주인의 아내인 김금주 집사의 전도로 난생 처음 교회에 발을 들였는데, 그곳이 바로 정읍 천원제일교회였습니다. 그가 예배당에 처음 나간 날은 공교롭게도 부흥사경회가 열리고 있던 때였습니다. "보라 새것이 되었도다. 이전 것은 지나갔다. 여러분! 오늘부터 이전 것은 다 지나갔습니다! 하나님 앞에서 성결함을 입었습니다! 거듭났습니다!" 열여섯 살 소년 용은에게 부흥강사의 외침은 불기둥이 되어 심장을 파고들었습니다.

그는 자신의 현실과 너무도 일치하는 말씀에 큰 충격을 받았습니다. 늘 육신의 아버지를 탓하며 자신은 불행하다고 생각했기 때문입니다. 밤낮없이 중노동에 시달리는 어머니, 늘 배고프다고 졸라대는 동생들, 그리고 돌아가신 아버지의 빚 때문에 밥숟가락 하나까지 뺏기지 않으려 숨기려 했던 처지가 모두 아버지 탓이라며 원망하고 비관하던 시절이었습니다. 심지어 본인 역시 영양실조 때문인지 폐결핵에 걸려 절망의 밑바닥에 있을 때 하나님 아버지를 만난 것입니다.

"아버지…, 아버지…, 하나님 아버지!" 입 밖으로 기도가 절로 터져 나왔습니다. 그는 교회에서 원망의 대상이었던 육신의 아버지를 넘어, 진정한 '하나님 아버지'를 만났습니다. 그날 이후 하나님과 함께하는 새로운 인생길이 펼쳐졌습니다. 과정이 순탄치만은 않았으나, 하나님을 만난 후 앓고 있던 폐결핵을 완전히 고침받았습니다. 그는 자신의 비전을 하나님께 맡기고 인도해 주시길 간구하며 1936년 군산 월명산 깊은 숲속에서 3일 간 기도하던 중, 빛으로 인도하시는 하나님의 응답을 받았습니다.

그 후 어느 깊은 밤, 그는 일본으로 향하는 후쿠오카마루 화물선에 몰래 몸을 싣고 일본 후쿠오카로 밀항을 하였습니다. 일본에 도착한 김용은은 낮에는 외삼촌의 철물점 일과 고향에서 배운 이발 일을 하고, 밤에는 후쿠오카 사립중학교에 입학하여 꿈에 그리던 공부를 정식으로 시작했습니다. 주경야독의 고된 일과 영양실조로 코피를 자주 흘리던 그를 한약방을 운영하던 박태권 영수가 불쌍히 여겨 한약을 지어 먹이곤 했습니다. 학교에서는 야간부 학생들로부터 '오이빠가야로 조센진'이라는 놀림과 수모를 겪기도 했지만, 그때마다 후쿠오카교회에 달려가 눈물로 하나님 아버지를 부르며 은혜로 버텨 냈습니다.

1938년 후쿠오카교회에서 세례를 받았고, 스물세 살의 나이에 집사 직분을 받았습니다. 1941년에는 담임목사인 오택관 목사의 중매로 박태권 영수의 막내딸 박순임 양과 결혼식을 올렸습니다. 훗날 김용은 목사는 장인어른에 대해 이렇게 회고했습니다.

"장인어른은 위엄이 있었고 지도급 인사들과 교우를 나누면서 지내신 분이셨다. 예수님을 영접한 이후는 만나는 사람마다 복음을 열심히 전하셨다. 병으로 고생하고 있는 사람들에게는 한약을 지어 찾아가 무료로 치료를 해주시며 전도를 하셨던 분이었다."

일본에서 귀국 후 장인의 도움으로 1942년 함경남도 흥남에서 알루미늄 공장을 세운 그는, 40여 명의 직원을 거느린 성공한 사업가가 되었습니다. 그러나 1945년 일제가 패망 위기에 몰리면서 물자를 강제로 수탈당했고, 이어 들어선 공산당의 횡포로 공장 운영이 불가능해졌습니다. 결국 정성껏 일군 공장을 정리하고 고향 정읍으로 돌아온 그는, 아버지의 남은 빚을 모두 갚고 땅을 마련해 기와집을 지어드림으로써 어머니의 평생 소원을 풀어드렸습니다.

1946년 3월 2일에는 지역 인사들의 도움을 받아 정읍 최초의 고아원인 '정읍애육원'을 설립했습니다. 거리를 떠돌며 구걸하는 아이들을 거두어 정성껏 돌보기 시작한 것입니다. 이후 목회자가 되기로 결심한 그는 1947년 3월, 경성신학교(현 서울신학대학교)에 입학했습니다. 신학교 시절에도 특유의 사업 수완을 발휘하여 서울 서대문에서 신문 지국을 운영하며 학비를 조달했고, 이를 통해 사회와 시국을 보는 안목을 넓혔습니다. 1949년 1월 7일, 신학교 3학년 재학 중에 고향 마을인 두암리에 교회를 개척하며 첫 목회를 시작한 김용은 전도사는 하나님이 맡겨주신 양 떼를 돌보는 데 온 마음을 쏟았습니다.

3. 스물세 분의 영광스러운 순교와 용서의 손길

전라북도 정읍시 소성면 애당리 316번지에 소재한 두암교회 주변에는 두 개의 순교자 기념탑이 세워져 있습니다. 이곳은 1950년 9월 16일부터 한 달 동안 순교의 피를 흘리며 하나님의 품에 안긴 두암교회 신자 23명을 기념하는 순교자 탑입니다. 평온하던 마을에 북한 인민군들이 들이닥친 것은 1950년 9월이었습니다. 그들은 먼저 두암교회 김용은 전도사에게 세상이 바뀌었으니 예배를 중지할 것을 통보했습니다. 그러나 어머니 윤임례 집사를 비롯한 성도들은 '예

배가 없는 교회는 죽은 교회'라고 생각했습니다. 도리어 죽으면 천
국에 갈 것을 확신한 그들은 인민군의 명령을 거부하고 예배를 계속
드렸습니다.

아들의 신변에 위험을 느낀 윤임례 집사는 장남 김용은 전도사
를 피신시키며 다음과 같이 당부했습니다. "예배를 포기하면 안 된
다. 우리는 교회를 사수한다. 너는 먼저 도망가 있거라." 어머니는 아
들을 먼저 보내고 교회와 마을을 지키다가, 1950년 9월 16일 공산당
원들의 총에 맞아 첫 순교자가 되었습니다. 이어 한 달 동안 마을에
살던 기독교인 22명이 공산당의 무자비한 총칼 아래 순교를 당했습
니다. 그들은 "의를 위해 핍박을 받는 자는 복이 있나니…"라는 성경
말씀으로 위로를 받으며, 예수 그리스도를 배반하지 않고 기꺼이 순
교자의 길을 선택한 것이었습니다.

세월이 흐를수록 윤임례 집사의 일사각오(一死覺悟) 신앙은 더욱
빛을 발하고 있습니다. 어찌 보면 장래 하나님의 큰 사역자이자 복음
의 씨를 전할 '남은 자'로서 맏아들 김용은 전도사를 피신시키고, 대
신 자신이 고통스럽지만 영광스러운 순교자의 반열에 든 것이라 할
수 있습니다. 자신의 어머니와 가족을 무참히 살해한 원수를 용서하
고 사랑한다는 것은 죽기보다 더 어려운 일일 것입니다. 사람들이 김
용은 목사를 '군산의 성자'라 부르는 이유는, 바로 자신을 대신해 죽
임을 당한 어머니와 동생의 원수를 용서하고 사랑했기 때문입니다.

김용은 목사는 "서로 인자하게 하며 불쌍히 여기며 서로 용서하
기를 하나님이 그리스도 안에서 너희를 용서하심과 같이 하라"(엡
4:32)는 말씀과, "그러므로 예물을 제단에 드리다가 거기서 네 형제에

게 원망 들을 만한 일이 있는 줄 생각나거든 예물을 제단 앞에 두고 먼저 가서 형제와 화목하고 그 후에 와서 예물을 드리라 너를 송사하는 자와 함께 길에 있을 때에 급히 사화하라. 그 고발하는 자가 너를 재판관에게 내어주고 재판관이 옥리에게 내어 주어 옥에 가둘까 염려하라 진실로 네게 이르노니 네가 한 푼이라도 남김이 없이 다 갚기 전에는 결코 거기서 나오지 못하리라"(마 5:23-26)는 말씀을 평생의 지침으로 삼았습니다. 비록 시골의 평범한 여인이었으나 신앙적으로는 누구보다 담대하고 투철했던 윤임례 집사는 오늘날 많은 이들에게 존경과 찬사의 대명사로 불리고 있습니다.

김용은 목사는 1950년 9월 어머니 윤임례 집사를 순교자로 하나님의 품에 보내드리고 어머니 순교의 피를 기억하고 다 이루지 못한 사명을 위해 6·25 전쟁 중인 1951년 6월 여섯 분의 성도들을 모시고 군산중동교회를 개척하였습니다. 어머니에 대한 빚진 자의 심정으로 평생 복음을 전하고 사랑을 실천하는 일에 헌신하였습니다. 특히 어머니 윤임례 집사께서 아들을 대신하여 순교의 피를 흘리자 빚을 갚는 심정으로 중증 뇌졸중 환자를 돌보며 천국으로 인도하였습니다.

순교의 씨앗은 헛되지 않았습니다. 윤임례 집사의 가문에서는 맏아들 김용은 목사를 비롯하여 셋째 아들 김용칠 목사(전주 태평교회 원로목사), 김용석 장로, 그리고 손자 김영곤, 헌곤, 재곤, 명곤 씨 등 총 10명의 목사가 배출되었습니다. 그 후손 116명은 모두 신실한 신자로서 교회를 섬기며 '신앙의 명가'를 이루고 있습니다.

6·25 전쟁이 끝난 후, 김용은 목사는 자신을 살해하려다 실패하

자 어머니를 대신 죽였던 철천지원수 청년을 길에서 우연히 만났습니다. 그 청년은 기겁하며 땅에 무릎을 꿇으려 했습니다. 그때 김용은 목사는 예수 그리스도의 사랑으로 그를 용서했습니다. 그는 "우리가 우리에게 죄지은 자를 사하여 준 것같이 우리 죄를 사하여 주옵시고"라는 주기도문을 읊조리며 끓어오르는 분노를 삭였다고 합니다. 이후 가해자들은 자신들의 잘못을 뉘우치기는커녕 김용은 목사를 죽여 죄를 은폐하려고 여러 차례 살해를 시도하기도 했으나, 하나님의 도우심으로 모두 실패에 그쳤습니다.

김용은 목사는 생전에 다음과 같이 말씀하셨습니다. "어머니로부터 신앙과 사랑과 용서를 배웠습니다. 이제 모두 용서하고 살아야지요. 복수는 또 다른 복수를 낳습니다." 그는 어머니를 떠올릴 때면 늘 눈시울을 붉혔다고 합니다. 훗날 서울의 대형 교회들로부터 담임목사 청빙을 받았을 때도 그는 극구 사양했습니다. 어머니의 순교 신앙이 깃든 고향 땅을 차마 떠날 수 없다는 마음이 굳게 자리 잡고 있었기 때문입니다.

'순교사의 피는 교회 부흥의 씨앗'이라는 테르툴리아누스의 말처럼, 어머니 윤임례 집사의 순교의 피는 복음의 꽃을 활짝 피워냈습니다. 비록 시골의 자그마한 두암교회였지만, 신앙의 본질을 지켜냈기에 한국 교회 부흥의 소중한 밑거름이 된 것입니다. 사랑하는 가족을 잃은 슬픔을 용서와 화해, 그리고 복음 전파의 열정으로 승화시킨 김용은 목사와 그 후손들의 깊은 사랑은 한국 교회 역사에 오래도록 기록될 것입니다.

4. 4무(四無) 정신을 품게 한 이명직 목사와 두 여인

에리히 프롬은 그의 저서 『소유냐 존재냐』에서 소유하고자 하는 성향은 살아남고자 하는 생물학적 소망에서 나온다고 말했습니다. 또한 "소유적 인간은 물건이나 다른 사람들을 소유하는 데에 매우 집착하며, 이를 통해 자신의 정체성과 가치를 정의하려고 한다"라고 하였습니다. 현대인들은 재물을 많이 소유한 자가 힘이 있다고 생각하기에, 수단과 방법을 가리지 않고 더 많이 소유하려고 몸부림치고 있습니다. 김용은 목사의 무소유 신앙은 이러한 시대를 거부하고 예수 그리스도께서 명하신 무소유의 삶을 직접 살았기에 더욱 빛이 납니다. 그는 군산 중동교회라는 대형 교회를 담임하면서도 평생 주택, 통장, 부동산, 패물을 소유한 적이 없는 '4무(無)의 목회자'로 잘 알려져 있습니다. 그가 이런 삶을 살게 된 데에는 신학교 시절의 스승과 두 여인의 영향이 컸습니다. 첫 번째는 경성신학교 스승이신 이명직 목사의 청빈한 삶입니다. 김 목사는 신학생 시절부터 청빈하게 사시는 이명직 목사를 곁에서 도왔으며, 이후 이명직 목사 기념사업회 회장을 10년 동안 역임하며 그 정신을 기렸습니다.

두 번째는 어머니 윤임례 집사의 순교 신앙입니다. 이는 김 목사 무소유 신앙의 큰 기폭제가 되었습니다. 순교하신 어머니를 생각하며, 그는 뇌졸중으로 전신 마비가 된 공라헬 전도사를 8년 4개월 동안 모시다 하나님 나라로 인도했습니다. 또한 남편을 잃고 홀로 된 노인들을 위해 '다비다의 집'을 설립하여 정성을 다해 섬겼습니다. 다비다의 집에 거하는 이들 중에는 과거 어머니에게 해를 끼친 사람도 있었지만, 김 목사는 예수 그리스도의 사랑으로 그를 용서하고 모셨습니다. 아버지를 일찍 여의고 배고픈 시절을 보냈던 기억 때문에 해방 직후 정읍에 최초의 고아원을 설립하여 아이들을 키웠으며, 군산 삼성애육원 이사장을 45년 동안 맡으며 고아들의 아버지가 되어 주었습니다. 전라북도 최초의 맹아학교와 농아학교 설립의 기초를 놓았고, 재소자의 후견인으로서 교도소를 방문할 때마다 직접 떡을 만들어 베풀었습니다. 세족식 때는 재소자들의 발등에 입을 맞추며 눈물로 기도해주기도 했습니다. 교정 자문위원으로 40년 동안 봉사하며 사형수를 포함한 수많은 재소자를 변화시켜 거듭난 그리스도인으로 살아가게 했으며, 그 공로로 대통령 교정 대상을 수상했습니다.

세 번째는 재혼으로 맞이한 박광희 사모의 헌신적인 희생과 뒷바라지입니다. 한 가정을 책임지는 가장이자 목회자로서 무소유 신앙을 지키는 일은 혼자만의 결단으로 가능한 것이 아니기 때문입니다. 박광희 사모는 1929년 충북 영동군에서 출생하여 1951년 경성신학교에 입학했습니다. 1953년에는 신학생 신분으로 고향 어촌리에 전덕교회를 개척한 담대한 신앙의 여상부였습니다. 1960년 12월, 31세의 나이에 2남 3녀를 둔 홀아비 김용은 목사(당시 42세)와 결혼한 이후, 사모님의 삶은 골고다 길을 걷는 순교자의 삶이자 수도자와 같은 생애였습니다. 전처의 자녀 5남매를 포함해 총 7남매를 키워낸 위대한 어머니이자 내조자로서 평생을 희생했습니다. 김용은 목사가 대외적으로 알려진 성자라면, 박광희 사모는 내면에 숨겨진 '성녀(聖女)'라 할 것입니다. 지금도 중동교회 성도들은 그분의 삶이 순교자이자 성녀로서의 삶이었음을 재조명해야 한다고 증언하고 있습니다.

김용은 목사는 일본 생활을 통해 군국주의의 발악과 동방요배 강요를 몸소 겪었습니다. 또한 함경남도 흥남에서 공장을 운영하며 공산당의 거짓과 위선, 기독교 탄압을 직접 체험했기에 그 실상을 알리는 일이 무엇보다 중요하다고 생각했습니다. 이에 그는 1949년 12월 농한기를 맞아, 북한 공산당의 실태와 거짓 선동을 알리기 위해 경성신학교 동문이자 친구인 임동선 전도사를 초청했습니다. 두 사람은 정읍 소성면과 입암면, 고창 성내면의 학교를 빌려 농민들에게 북한의 거짓을 폭로하고 좌익 사상을 비판했습니다.

"우리 스스로 주인이 되어 나라를 일으키고 남에게 의존하지 않는 힘을 키우는 국민이 되어야 합니다. 그러기 위해서는 근면해야 합니다. 정직해야 합니다. 배워야 합니다. 그리고 신앙을 가져야 합니다."

김용은 전도사의 이러한 활동을 주시하던 공산당원들은 그를 악질 분자로 여겨 체포와 처형을 비밀리에 계획했습니다. 그러나 뜻대로 되지 않자 그의 어머니와 가족들을 잔인하게 살해하기에 이른 것입니다.

임동선 전도사가 반공 시국 강연회에 앞장섰던 데에는 특별한 이유가 있었습니다. 그는 해방 후 남한 정치 지도자들의 부정부패에 항의하다 공산당이라는 누명을 쓰고 투옥된 적이 있었습니다. 공산주의의 실체를 직접 확인하고자 월북했던 그는 김일성의 배려로 군정대학에서 사상 교육을 받게 되었습니다. 그러나 학생들이 날마다 이승만, 김구 선생의 타도를 외치는 것을 보고 항의하다 남한 스파이로 몰려 사형 선고를 받았습니다. 감옥에서 밤마다 기도하던 중 하나님을 만난 임동선 전도사는 김일성의 측근 박성환의 간청으로 극적으로 김일성을 면담하게 되었습니다.

김일성이 "임동선 동지! 앞으로 무엇을 하겠는가?"라고 묻자, 그는 순간적으로 경성대학교에서 경제학을 배워 돌아오겠다고 답했습니다. 김일성은 친필 서명까지 써주며 그를 남하하게 했습니다. 그러나 남한에 온 임동선은 곧바로 경성신학교에 입학하여 주의 종이 되었습니다. 졸업 후 공군 초대 군종감을 지내며 군 복음화에 헌신했고, 이후 미국으로 건너가 LA 동양선교교회를 개척하였고 이후 대형 교회로 성장시켰습니다. 은퇴 후에도 남미 선교 등 쉼 없는 사역을 이어가다 2016년 10월 주님의 품에 안겼습니다.

6. 고군산군도 섬 선교의 개척자

서해 바다와 인접한 군산시 관내에는 유인도 16개와 무인도 47개를 포함해 총 63개의 섬이 있습니다. 이 도서 지역은 군산시 전체 인구의 1.7%, 면적의 5.9%를 차지하고 있습니다. 김용은 목사는 일찌감치 인권의 사각지대였던 고군산도의 열악한 환경과 우상숭배,

김용은 목사가 집중적으로 선교한 고군산군도 전경

여성들에 대한 인권 유린 실태를 파악하고 선교의 방향을 이곳으로 돌렸습니다. 학교 교실이나 빈 소금 창고, 혹은 일반 가정집에 십자가를 달고 예배를 시작한 것이 오늘날 고군산도 지역 섬 교회들의 효시가 되었습니다.

김용은 목사는 선교의 시급성을 절감하고 적극적으로 교회 개척의 발걸음을 내디뎠습니다. 섬을 돌아보며 주민들의 환경을 개선하고 굶주림을 면하게 해주는 것도 중요하지만, 무엇보다 교회를 세워 영혼을 구원하는 일이 가장 급선무임을 깨닫고 온 힘을 기울였습니다. 섬 지역에 교회가 하나둘 생겨나며 복음의 역사가 일어나자, 마을마다 성행하던 당산제와 굿판이 사라지고 무당들이 폐업하여 섬을 떠나는 놀라운 변화가 나타났습니다. 김용은 목사는 미신 타파와 환경 개선, 굶주린 주민들을 위한 구호 사업 및 교회 개척을 위해 선교비를 아낌없이 후원했습니다. 그는 은퇴 이후 소천하기 3년 전까지도 이 사역을 멈추지 않았습니다. 현재는 중동교회의 후임인 서종표 목사가 그 뜻을 이어받아 섬 지역 미자립 교회들에 매월 선교비와 기도의 후원을 이어가고 있습니다.

김용은 목사는 매년 여름이면 섬 교회들을 순회하곤 했는데, 단한 번도 빈손으로 방문하는 경우가 없었고 늘 푸짐한 선물을 준비해 모든 교회에 빠짐없이 전해주었습니다. 섬을 지키는 젊은 교역자들의 등을 두드려주며 "섬 교회를 지켜줘서 늘 고맙다"라는 격려를 아끼지 않았습니다. 그는 섬사람들을 단순한 타인이 아닌 '내 자식'으로 품고 사랑했습니다. 섬에 들어오면 "내 자식은 섬에 안 보내면서 다른 교역자들에게 섬에서 오래 목회하라고 해서 미안해"라며 미안하고 송구스러운 마음을 감추지 못했다고 합니다. 김용은 목사에 의해 고군산도에 세워진 교회는 총 아홉 곳입니다. 고군산도 목회자들은 김용은 목사를 '섬 선교의 아버지'이자, 자신들이 마음 놓고 기댈수 있었던 든든한 '언덕'이었다고 한목소리로 회상합니다.

그에 의해 세워진 아홉 개 교회의 시작은 다음과 같습니다.

두리도교회: 믿음의 열정을 가진 초등학교 교사들이 학교 사택에서 예배를 드린 것이 시작이었습니다. 교사들의 선교 열정은 주민들을 감동시켰고 기독교 교육은 아이들의 인성 발달에 큰 영향을 주었습니다. 현재는 여객선이 다니지 않아 연안선교회의 순회 예배조차 어려운 지역이 되었습니다.

야미도교회: 야미도 초등학교에서 김용은 목사를 모시고 첫 예배를 드린 것이 시작입니다. 그때 뿌려진 씨앗이 자라 오늘날 풍성한 열매를 맺게 되었습니다. 야미도는 '배미섬'이라고도 불리며 군산 비응항에서 남서쪽으로 11km 거리에 위치해 있습니다. 현재는 새만금 방조제와 연결되어 있습니다.

선유도교회: 1958년 5월 8일, 당시 진말 이장이던 이명철 씨의 사

랑방에서 김용은 목사를 모시고 주민 20여 명이 모여 예배를 드림으로 시작되었습니다. 개척 초기 교회 이름은 고군산성결교회였으나 1963년 성전을 신축하며 선유도교회로 이름을 바꾸었습니다. 선유도는 고군산도의 중심 섬입니다.

고군산중앙교회: 1960년 초에 설립되었습니다. 한때 목회자가 없어 폐쇄되기도 했으나 1979년 최인식 전도사가 마을회관을 빌려 '백풍교회'라는 이름으로 재건하였고, 1980년에 고군산중앙교회로 개명하였습니다.

장자도교회: 1959년 12월, 군산 개복교회에서 신앙생활을 하던 신화순 성도가 장자도로 시집을 온 후, 자신의 집에서 김용은 목사를 모시고 예배를 드린 것이 교회의 시작입니다.

관리도교회: 1959년에 설립되었으나 1970년대 초 폐쇄되는 아픔을 겪었습니다. 이후 1982년 이덕원 전도사에 의해 다시 재건되었습니다.

방축도교회: 1960년대 초에 설립되었다가 폐쇄된 후, 1981년 최인식 전도사와 십자군 전도대의 김희찬 전도사에 의해 재건되었습니다.

말도교회: 1959년 10월 31일, 중동교회와 김용은 목사의 전폭적인 지원을 받아 추명순 전도사에 의해 개척되었습니다.

연도교회: 1960년대 초에 설립되었습니다. 김용은 목사가 직접 교회 간판을 걸고 예배를 집례하다가 이후 감리교단으로 이양되어, 현재는 기독교대한감리회 소속으로 사역을 이어가고 있습니다.

개척 초기에는 예배 장소로 초등학교 교실이나 빈 소금 창고에서 예배를 드리다가, 구호품으로 나온 밀가루를 팔아 부지를 마련하

고군산군도의 장자도교회를 방문한 김용은 목사

고 육지에서 배로 건축 자재를 실어 날라 예배당을 지었습니다. 열악한 환경과 불편한 교통 탓에 목회자들이 부임을 꺼려 하여 몇 년씩 성도들끼리 예배를 드려야 했던 시기도 있었습니다. 그러나 김용은 목사의 헌신적인 희생과 변함없는 섬 사랑이 있었기에, 고군산도의 교회들은 오늘날까지 길 잃은 영혼들의 소중한 등대가 되어주고 있습니다.

7. 여성 인권 신장을 위해 헌신한 지도자

조선 왕조 500년 유교 전통에서 반드시 청산해야 할 과제는 남존여비(男尊女卑) 사상이었습니다. 특히 이 사상은 섬 지역에 뿌리 깊은 관습으로 자리 잡아 수많은 여성에게 피눈물을 흘리게 하는 악습이 되었습니다. 여성에 대한 인권 침해는 하나님께서 허락하신 인간 고유의 존엄성을 부정하는 죄입니다. 김용은 목사는 섬 지역에서 여성의 인권이 유린당하고 가난으로 끼니를 거른다는 소식을 접하고, 안타까운 마음으로 도서 지역 선교에 온 힘을 기울였습니다. 그는 시신을 바로 땅에 묻지 않고 1~3년 동안 평상 위에 놓아두는 장례법인 초분(草墳)을 개량하기 위해 고군산도의 섬들을 순회하며 매장법을 홍보했습니다. 또한 각 섬에 급식소를 설치하여 주민들의 굶주림을 해결해 줌으로써, 이를 복음 전파의 귀한 도구로 삼았습니다.

지금은 그런 흔적을 찾아볼 수 없지만, 당시 섬에는 미신적이고 비위생적인 풍습이 만연했습니다. 임산부가 해산할 달인 산월(産月)이 되면, 마을에 부정이 탄다며 동네 밖으로 나가 아이를 낳으라고 내쫓곤 했습니다. 그러면 임산부는 무거운 몸을 이끌고 백사장에 모래 구덩이를 파거나 임시 움막을 지어 그곳에서 아기를 낳아야 했습니다. 만약 출산 중에 산모가 사망하기라도 하면 집으로 들어오지도 못한 채 백사장 움막과 함께 그대로 묻어버렸습니다. 선유도의 진말과 전월리 사이 해수욕장 인근에는 길을 내기 전까지만 해도 만조 때 모래밭에서 사람의 뼈가 나오기도 했습니다. 또 다른 관습은 마당에 담을 쌓을 때조차 무당을 불러 굿을 한 다음에야 일을 시작할 정도로 미신에 얽매여 있었기에, 가난한 삶은 더욱 궁핍해질 수밖에 없었습니다.

또한 사람이 죽으면 땅에 매장하는 대신 시신을 돌이나 나뭇가지로 덮어 놓았고, 심지어 어린아이의 시체는 나무에 매달아 놓는 풍장(風葬)을 지내기도 했습니다. 그러나 섬에 복음이 전파된 이후 여인들의 지위는 몰라보게 향상되었습니다. 미신을 숭배하던 시절에는 여성이 자기 집 소유의 배에도 오르지 못했습니다. 출어하는 아침에 여인이 남정네 앞길을 지나가면 재수가 없다고 그날 조업을 포기할 정도로 여성에 대한 부정적인 인식이 팽배했습니다. 시대가 변한 지금은 부부가 함께 그물을 손질하고 고기잡이 배에 오릅니다.

김용은 목사는 일찍이 여성도 운전하는 시대가 올 것이라며 여성들에게 운전면허 취득을 권했습니다. 또한 여성 전문가 시대가 도래할 것이니 전문 직종의 자격증을 취득하여 미래를 준비하라고 독려하기도 했습니다. 그는 공공기관을 향해 섬 지역에 대한 관심과 지지를 호소하며 다음과 같이 말했습니다.

"새끼발가락이 머리에서 멀다고 몸의 일부분이 아니라고 말할 수 없는 것처럼, 섬이 육지에서 멀리 떨어져 있다고 해서 전라북도가 아니라고 할 수 없지 않느냐?"

김 목사는 당시 전라북도 도지사들을 끈질기게 설득하여 섬 지역을 살리고 일으키기 위한 행정적 지원을 끌어내었으며, 이를 통해 민관이 협력하는 선교 전략을 활발히 펼쳐 나갔습니다.

8. 김용은 목사에게 영향을 끼친 분들

김용은 목사가 하나님의 충성스러운 종이 되기까지는 여러 분들의 영향이 있었습니다.

첫 번째는 순교하신 어머니 윤임례 집사입니다. 김 목사는 일평생 어머니만 생각하면 눈시울이 뜨거워지며 눈가에 눈물이 맺혔다고 합니다. 어머니의 사랑과 희생은 아들로서 평생 갚을 수 없는 커다란 빚이었고, 마음속에 절대적인 신뢰와 그리움으로 남아 있었습니다. 생전의 어머니는 주변 어른들과 소외된 이들에 대한 효심과 긍휼의 마음이 무척 컸습니다. 김 목사는 이러한 어머니의 마음을 물려받아, 외롭고 배고픈 자들을 돌보는 것이 어머니의 은혜에 보답하는 길이라 생각했습니다. 옥에 갇힌 자들을 면회하고 영치금을 넣어주며, 장애인들의 손발이 되어주는 일을 마땅한 본분으로 여겼습니다. 그의 마음속에 말없이 다가오는 무언의 스승이 바로 어머니였기에, 그 모든 사역을 기쁨으로 감당할 수 있었습니다.

두 번째는 장인 박태권 영수입니다. 일본에서 낮에는 일하고 밤에는 공부하는 주경야독의 고된 삶 속에서 김 목사는 후쿠오카교회에 출석했습니다. 당시 박태권 영수는 가진 것도 배운 것도 없던 청년 김용은의 장래를 긍정적으로 보고 많은 도움을 주었습니다. 그를 세례받도록 신앙으로 인도했을 뿐만 아니라, 가장 아끼는 막내딸과 부부의 연을 맺어주었고 함경남도 흥남에서 사업할 자금까지 지원해 주었습니다. 김용은 목사는 이러한 장인의 사랑을 잊을수 없어, 훗날 처가 식구들이 38선에 가로막혀 내려오지 못하고 있을 때 목숨을 걸고 두 차례나 북으로 올라가 그들을 구출해 오기도 했습니다. 김용은 목사는 힘겨운 일본 생활과 흥남에서의 사업을 일으키도록 큰 힘이 되어준 박태권 영수를 인생의 큰 스승으로 여겼습니다.

세 번째는 독립운동가 백범 김구 선생입니다. 김구 선생은 1945년 12월 중국 임시정부에서 조국으로 귀국했습니다. 당시 김용은 전도사가 운영하던 신문 지국은 김구 선생이 머물던 서대문 경교장(현 강북삼성병원)과 가까운 곳에 있었습니다. 김구 선생은 김용은 전도사의 장인 박태권 영수와 황해도 시절부터 친분이 있었고, 김용은 전도사가 일본에서 공부하고 홍남에서 사업한 이력, 정읍에서 고아원을 세우고 애국 청년 운동을 한 사실을 잘 알고 있었습니다. 마침 정읍을 방문한 김구 선생이 함께 일할 청년을 추천해 달라고 요청하자, 김용은 전도사는 고향 친구인 이규석을 추천했습니다. 이규석은 김구 선생의 비서가 되어 평양에서 김일성과의 회담 때도 수행했으며, 김구 선생 암살 후에는 정계를 떠나 기독교회관 관리처장과 정릉장로교회 원로장로를 지냈습니다. 김용은 전도사는 친구 이규석이 있는 경교장에 자주 들러 김구 선생이 글을 쓸 때 먹을 갈아드리며 애국정신과 지도자로서의 교훈을 얻었습니다. 그는 "자연스럽게 김구 선생과 대화를 나누게 되었지요. 김구 선생께서는 젊은 우리에게 우리 민족이 하나 되어야 한다 는 점을 역설하시곤 했어요. 나는 그분에게 반해버렸고 존경하게 되었습니다"라고 회고했습니다. 1948년 4월 19일, 김구 선생이 남북 협상을 위해 떠날 때 경교장에서 환송했던 것이 그가 본 김구 선생의 마지막 모습이었습니다. 1949년 김구 선생이 서거한 후, 그는 1958년부터 30년 동안 군산시 교회연합회에 구국기도회를 조직하여 매월 이끌었으며, 1972년 각 교단 총회장들을 초청해 구국 금식기도회를 주선하는 등 선생으로부터 받은 나라 사랑의 가르침을 목회현장에서 몸소 실천했습니다.

네 번째는 경성신학교 학장 이명직 목사(1890~1973)입니다. 한국 성결 신학의 대부(代父)인 그의 장례식에서 한경직 목사는 "성결의 복음을 외치기는 쉽지만 성결의 복음을 삶으로 살아낸 분은 많지 않은데 이명직 목사는 성결하고 청빈한 삶을 사진 한국 교회의 사표가 되셨다”라고 증언했습니다. 김용은 목사는 신학생 시절부터 청빈하고 가난한 이명직 목사의 가정을 방문해 종종 도움을 드렸으며, 스승이 소천한 후에는 기념사업회 회장을 10년 동안 맡아서 그 분의 뜻을 기렸습니다. 김용은 목사의 ‘4무(四無)’의 삶은 스승 이명직 목사의 성결하고 청빈한 삶을 본받는 데서 시작된 것으로 보여집니다.

다섯 번째는 부흥 운동가 이성봉 목사입니다. 한국기독교협의회 회장을 역임한 박종순 목사는 “한국 교회 130년 역사 속에, 현역 때나 돌아가신 다음에도 가장 존경받는 부흥사는 이성봉 목사였다”라고 말한 바 있습니다. 김용은 목사는 ‘한국의 무디’라 불리는 이성봉 목사로부터 기도의 영성을 배웠습니다. 이성봉 목사는 기도의 사람인 김용은 목사를 든든한 제자로 삼고 아낌없는 사랑을 베풀어 주셨습니다. 그는 바쁜 일정 중에도 매년 한두 차례 군산의 김용은 목사 집에 머물며 깊은 사제의 정을 나누었습니다. 이성봉 목사 소천 후 김용은 목사는 ‘성봉선교회’를 설립하고 이성봉 목사님 기도의 삶을 본받아 평생 기도하는 목회를 이어갔습니다. 1951년 군산 중동교회를 개척한 후 놀라운 부흥을 이루고 대규모 예배당을 건축하며 건강한 교회로 성장시킬 수 있었던 것은 전적으로 기도의 힘이었습니다. 그는 스승을 존경하는 마음을 담아 성전 건축 후 ‘이명직 관’과 ‘이성봉 관’을 조성하여 교인들에게 청빈과 기도의 영성이 이어지게 했습니다.

9. 맺는말

김용은 목사가 생전에 겪은 극심한 가난과 폐결핵, 머슴살이, 그리고 어머니와 가족들의 순교와 공산당에게 당한 모진 고문 등은 어느 것 하나 또다시 기억하고 싶지 않은 악몽 같은 일들이었습니다. 그럼에도 굳건한 순교 신앙과 자신을 대신해 희생하신 어머니의 대속적인 사랑은 그가 모든 시련을 이겨내고 승리하게 한 원동력이 되었습니다. 그는 이를 평생 갚을 수 없는 커다란 빚으로 여겼기에, 늘 빚진 자의 심정으로 주님 한 분만을 바라보며 오롯이 헌신했습니다.

그는 평생 성령에 이끌려 순종하며 살았고, 주님이 필요로 하신다면 아낌없이 모든 것을 내어주고 떠난 믿음의 큰 일꾼입니다. 그렇기에 어머니와 가족들을 살해한 공산주의자들까지도 예수 그리스도의 사랑으로 용서할 수 있었습니다. 독거노인들을 위한 '다비다의 집'을 운영할 당시, 그곳에는 어머니의 처형에 협력했던 사람도 있었으나 그는 정성껏 그를 품어 천국으로 인도했습니다.

김용은 목사가 '군산의 성자'로 높임을 받을 수 있었던 배경에는 본인의 인내와 헌신의 삶도 있었지만 박순임 사모의 헌신과, 소천 후 재혼한 박광희 사모 및 자녀들의 희생이 있었음을 부정할 수 없습니다. 특히 박광희 사모의 남다른 예수 사랑 실천은 '성녀'라 불리기에 손색이 없을 만큼 성도들과 지역사회에 큰 감동을 주었습니다. 전처의 소생을 포함해 일곱 남매를 키우며 돼지 사육과 그릇 장수까지 마다하지 않았던 사모님의 내조는 군산 중동교회 역사에 영원히 남을 고귀한 희생입니다.

온 세상에 영성의 화창한 봄이 오기를
기원하며

1955년 8월 어느 무더운 여름날, 찌는 듯한 낮 무더위가 한풀 꺾이고 태양이 서쪽으로 기우는 해거름에 늦둥이 한 생명이 태어났습니다. 원치 않은 임신으로 당황하신 어머니는 며느리 앞에 부끄러움을 당하지 않으려고 유산을 여러 번 시도해 보았지만 뜻을 이루지 못하고, 어쩔 수 없이 한 생명을 이 땅에 낳으셨습니다.

"어머니 뱃속에서 나올 때에 나를 받아주신 분도 바로 주님이셨기에 내가 늘 주님을 찬양합니다." (시 71:5-6, 새번역)

하나님은 태중에서 특별한 사랑의 손길을 펼쳐주셔서 어리석은 사람의 의지와 계획을 무산시키시고, 하나님의 계획을 이루어 주셨음에 큰 영광과 감사를 올려드립니다.

그 생명은 무럭무럭 성장하여 고등학교 2학년 늦가을인 1972년 11월, 18세에 전지전능하신 하나님을 처음 뵙게 되었고 지금까지 그분과의 동행하심속에 오늘에 이르렀습니다. 하나님의 아들 예수 그리스도는 위기 때마다 피난처가 되셨고, 세심한 길잡이가 되어 주셨습니다. 또한 말할 수 없는 풍성한 생명이 되어 주셨고 지금까지도 그 사랑은 변함이 없으심을 고백합니다.

처음 기독교 영성학이라는 학문을 접하고 기도 생활과 성경 연구와 함께 궤를 맞추며 "영성이란 무엇인가?"라는 화두에 파묻혀 밤잠을 이루지 못할 때, 성령님께서 직접 훌륭하신 스승님이 되어 주셨습니다. 또한 영성가들과 많은 서적을 통하여 하늘의 놀라운 지혜와 비밀들을 조금씩 깨닫게 되었고, 그리고 미래에 대한 방향을 알게 되었습니다.

경기도 가평군에 소재한 가락재 영성원의 정광일 박사님을 통하여 영성적 삶의 행보를 배우게 되었고, 계간지 『농촌과 목회』의 한경호 목사님을 뵙고 한국의 토착 영성가들의 삶을 글로 정리하였을 때 친히 원고를 다듬어 주시고 '토착영성'이란 코너를 개설하여 약 5년 동안 연재할 수 있도록 이끌어 주셨습니다

우여곡절 끝에 도서출판 삼인 신길순 장로님을 통해 첫 출판을 계획하였고, 김경섭 사장님을 통해 마무리되어 마침내 이렇게 아름다운 결실을 이루게 되었습니다. 먼저 이 일을 인도하신 하나님께 온전히 영광을 올려드립니다. 그리고 추천사의 도움을 주신 김정석 기독교대한감리회 감독회장님, 서명수 협성대학교 총장님, 가락재 영

성원 정광일 박사님 외 귀하신 모든 분께 심심한 감사를 드립니다.

우리는 예수를 그리스도로 인정하고 그분을 믿을지라도 삶을 통하여 어둠과 허물이라는 찌꺼기가 여전히 남게 마련인데, 이를 발견하고 씻어내는 작업이 참회의 영성이라고 할 것입니다. 이러한 것들을 걷어내고 정결한 자세로 예수 그리스도와 맑고 투명한 교제를 이루는 삶을 추구하며 살아가는 것을 관계의 영성이라고 합니다. 즉 불의, 왜곡된 이념, 종교, 인종 등 편견의 두꺼운 벽을 허물고 살아가는 생활을 참다운 영성 생활이라고 할 수 있을 것입니다.

다석 유영모 선생은 생전에 이런 글을 남겼습니다.

"사람은 발을 치고 산다. 발을 치면 밖에서는 어두운 안쪽은 잘 보이지 않지만, 어두운 안쪽에서는 밖이 다 보인다. 자기는 어두운 쪽에 앉아서 자신의 참모습을 보이지 않고 밖에 있는 남들을 자세히 속까지 들여다보려고 한다. 고로 영성 생활이란 바로 하나님 앞에서 자기 앞에 내려친 발을 걷어내고 자기를 있는 그대로 드러내는 과정이며, 마침내 다 드러낸 후 빛 가운데 그리스도와 더불어 살아가는 것이다."

아무쪼록 한국 교회와 세계 교회 가운데 영성의 화창한 봄이 오기를 기원합니다.

<참고문헌>

1. "한국 기독교의 영적 거장", 전진 원장의 영성 이야기

  기독교대한수도원 출판위원회, 『눈물이 강이 되어 50년』, 은혜기획, 1998,

  기독교대한수도원, 『눈물이 강이 되고 피땀이 옥토 되어』, 코람데오, 2014

  아서 홀드, 권택조 외 4명 역, 『기독교 영성연구』, CLC, 2017

  팀 켈러, 최종훈 역, 『팀 켈러의 일과 영성』, 두란노, 2013

2. "복음으로 민족의 밤을 깨운 애국 운동가",

  애산(愛山) 김진호 목사의 영성 이야기

  김진호, 『무화과1』

  김진호, 『무화과5』, 삼필문화사, 2014

  김진호, "八一回顧", 『病中鏡錄』

  김희영, "김진호의 증언", 『備忘錄』

  신동호, 『애산 김진호, 그의 생애와 사상』, 행복한 종, 2014

  임석재, "김진호 목사의 목회와 영성", 감리교신학대학교 박사학위논문, 2020, 6.

3. "나환자들의 아버지", 오방(五放) 최흥종 목사의 영성 이야기

  민경배, 『한국기독교 사회운동사』, 대한기독교출판사

  박종렬, 『목회자로서의 오방의 생애와 사상』, 오방기념사업회 편

  한인수, 『호남교회 형성 인물』, 경건출판사, 2000

4. "맨발의 성자", 만교 최춘선(崔春蘚) 목사의 영성 이야기

김우현, 『맨발의 천사 최춘선, 가난한 자는 복이 있나니』, 규장, 2004

김홍기, 『요한 웨슬리의 생애』, kmc, 1995

유재경, "기독교 영성 형성의 관점에서 본 영성 일기", 「신학과 실천」 제57권, 2017

Dallas Albert Willard, Spiritual Formation and the Warfare between the Flesh and the Human Spirit, Journal of Spiritual Formation & Soul Care, Vol. 1, No. 1, 2008

Joann Wolski Conn, Spiritual Formation, Theology Today, Vol. 56, issue: 1, 1999

5. "전주의 아름다운 큰 별", 방애인 선생의 실천 신앙과 영성 이야기

배은희, 『방애인 소전』

『전주 서문교회 100년사 1893-1993』, 대한예수교장로회 전주서문교회, 1999

6. "거리의 성자", 거두리 이보한 선생의 거지 전도와 영성 이야기

네이버백과, 마르쿠스 톨리우스 키케로(Marcus Tulius Cicerro /BC. 106-BC 43 로마) 명언모음집

성경환 네이버블로그 "한국교회이야기" 2021. 1.27.

알리스터 맥기스, 김기철 역, 『신학이란 무엇인가?』, 복있는 사람, 2014

임락경, "한국신학이야기" 「주간기독교」 251호, 2011. 10월호.

임병해, 『이거두리 이야기』, 에디야, 1996.

7. “강아지 똥의 희생과 사랑”, 권정생 집사의 문학세계를 통한 영성 이야기

권정생, 『강아지 똥』, 길벗어린이, 2014

권정생, 『빌뱅이 언덕 권정생 산문집』, 창비, 2012

김흥호, 『유영모 선생님 말씀 제소리』, 도서출판 풍만, 1983

이창식 목사 2023년 4월 16일 인터뷰 내용

8. “한국의 그룬트비”, 일가(一家) 김용기 장로의 영성 이야기

고재정, “김용기 장로의 영성적 삶”, 『기독교사상』, 대한기독교서회, 2000.12

김용기, 『가나안으로 가는 길』, 창조사

김용기, 『나의 한길 60년』, 규장문화사, 1980

김용기, 『운명의 개척자가 되자』, 규장문화사, 1975.

김용기, 『이곳이 가나안이다』, 규장문화사, 1979

김장생, 일가사상연구소 제122차 월례 포럼 발표, 2009. 7. 29

김평일, 『일하기 싫으면 먹지도 마라』, 고려원, 1994.

림영철, 『일가 김용기와 가나안 이상촌 운동』, 재단법인 일가재단, 2008

9. “한국의 슈바이처”, 성산(聖山) 장기려 선생의 영성 이야기

장기려, 1998년 9월 4일 일기

장기려, “엑스폴로74 에 다녀와서”, 「부산모임」, 제44호, 1974년 10월호

장기려, “하나님이나 맘몬이냐”, 「부산모임」, 제50호, 1975년 10월호

장기려, “8·15의 소감”, 「부산모임」, 제43호, 1974년 8월호

지강유철, 『장기려 평전』, 꽃자리, 2023

10. "용서와 무소유의 삶", 우석(友石) 김용은 목사의 영성 이야기

서종표, 『김용은 목사』, 지혜로운출판사, 2024

기독교대한성결교회 총회, 『기독교대한성결교회 의정사(議政史)』, 1994

김용은, 『우리의 걸음 걸음에 빛이 있었다』, 목회회고록, 2004

기독교대한성결교회, 『헌법』, 기독교대한성결교회 출판부, 2024